www.einfach-beten.de

Peter Dyckhoff

Entschließe dich

Drei Wochen
Exerzitien
im Alltag

Don Bosco

Peter Dyckhoff, geboren 1937, Studium der Psychologie, Geschäftsführer eines mittelständischen Industriebetriebes, 1977: Studium der Theologie, Priester, Wallfahrtsseelsorger in Kevelaer, Gemeindepfarrer, langjähriger Leiter eines bischöflichen Bildungshauses im Bistum Hildesheim. Kurse und Publikationen zur christlichen Gebets- und Meditationspraxis.
Peter Dyckhoff, Schölling 37, 48308 Senden.

Die Deutsche Bibliothek – CIP-Einheitsaufnahme

Ein Titeldatensatz für diese Publikation
ist bei Der Deutschen Bibliothek erhältlich.

verlags
gruppe
engagement

1. Auflage 2002 / ISBN 3-7698-1350-2
© 2002 Don Bosco Verlag, München
Umschlag: Margret Russer
Foto: Andreas Pohl SCJ
Lektorat: Esther Hebert
Produktion: Don Bosco Grafischer Betrieb, Ensdorf

Inhalt

Schlüssel zu „Drei Wochen Exerzitien im Alltag" 7

Erste Woche: Deine Lebensentwürfe, deine religiöse Haltung, deine Einstellung zum Tod und die Zeit danach 10

- Montag: Werde dir deiner Stärken, Schwächen und Grenzen bewusst 11
- Dienstag: Du gewinnst Einsicht in Vergängliches und lernst, Unvergängliches hiervon zu unterscheiden 21
- Mittwoch: Das Sterben, der Tod und die Zeit danach 31
- Donnerstag: „Wer mein Wort hört und dem glaubt, der mich gesandt hat, hat das ewige Leben." 40
- Freitag: Was uns erwarten könnte 50
- Samstag: Das Ziel deines Lebensweges: unendlicher Friede deiner Seele in Gott 58
- Sonntag: Gnadengaben Gottes sind unverdiente Geschenke 67

Zweite Woche: Sieben Betrachtungen über das Leben, das Leiden, den Tod und die Auferstehung Jesu Christi 76

- Montag: Die Fußwaschung und die Einsetzung des Sakramentes der Liebe 80
- Dienstag: Das Gebet Jesu im Garten Getsemani und seine Gefangennahme 89
- Mittwoch: Das Verhör vor dem Hohen Rat. Die Verleugnung durch Petrus und die Geißelung Jesu 99
- Donnerstag: Die Verspottung Jesu durch die Soldaten. Jesus trägt das schwere Kreuz 107
- Freitag: Die Kreuzigung und Jesu Worte am Kreuz 114

Samstag:	Die Kreuzesabnahme und das Begräbnis Jesu 123
Sonntag:	Der Gang Jesu zu den Toten – Seine Auferstehung und Himmelfahrt 132

Dritte Woche:	**Das innere Gebet – Ein Stillwerden, das in ein Schweigen vor Gott führt** 141
Montag:	Einübung in das innere Gebet 142
Dienstag:	Erste Erfahrungen 149
Mittwoch:	Praktische Hinweise 156
Donnerstag:	Was dich erwartet 165
Freitag:	Unterstütze die guten Auswirkungen deines Gebetes 172
Samstag:	Wie du mit Ablenkungen umgehst 182
Sonntag:	Rückbesinnung auf das Wesentliche 190

Petrus von Alcántara 200
Literatur 203

Schlüssel zu „Drei Wochen Exerzitien im Alltag"

„Entschließe dich" – ein doppeldeutiger Titel ...

Wenn du dich zu „Drei Wochen Exerzitien im Alltag" entschließt, erhältst du einen Schlüssel, der dir hilft, dich selbst besser kennen zu lernen, den Alltag als Chance für ein geistliches Leben zu entdecken, den Glauben erfahrbar zu machen und zu vertiefen. Auch diejenigen, die die Freude am Beten verloren haben, sollten durch diese Exerzitien ermutigt werden, hier und jetzt neu zu beginnen.
Die geistlichen und körperlichen Übungen haben wunderbare Auswirkungen auf unser Leben, auf das Leben anderer Menschen und auf die gesamte Schöpfung.

Das Programm eines jeden Tages ist vorgegeben. Es enthält neben der täglichen Übung zur Leib- und Seelsorge zwei Gebete, die Betrachtung, einige Fragen zur Vertiefung und in der dritten Woche die Einübung in das innere Gebet.
Dieser Weg verlangt weder eine Leistung noch fordert er bestimmte religiöse Verhaltensweisen. Es soll eine tiefere Dimension des Lebens erschlossen werden, die trägt, Hoffnung gibt und Bereicherung schenkt. Durch einfach nachvollziehbare Schritte in eine größere

Innerlichkeit möchten die Exerzitien uns mitten im Alltag einen Weg bereiten, der unser Leben nicht nur besser gelingen lässt, sondern uns auch zu einer umfassenderen Liebe führt, zu Gott, dem Urgrund allen Seins. Auf dem Übungsweg geht es nicht um ein zu bewältigendes Pensum. Es geht nicht um die Menge der gelesenen Textstellen und die Menge der absolvierten Übungen, sondern um die Tiefe der Erfahrung.

Die geistlichen Übungen und Betrachtungen sowie die Einübung in das innere Gebet – jeweils der dritte Punkt eines jeden Tages – basieren auf der Gebetsschule des *Petrus von Alcántara*. Dieser Mystiker aus Spanien (1499–1562) war Franziskaner und geistlicher Lehrer von Teresa von Avila, die ihn und vor allem seinen Gebetsweg außerordentlich hoch schätzte.

Hast du dich zu diesen „Drei Wochen Exerzitien im Alltag" entschlossen, so benötigst du täglich ungefähr eine Stunde. Es ist durchaus möglich, das Tagesprogramm zu teilen und eine halbe Stunde am Morgen und eine halbe Stunde am Nachmittag dafür vorzusehen.

In der **ersten Woche** werden dir Fragen gestellt, die für dich von existenzieller Bedeutung sind. Gehst du offen auf diese Fragen ein, erlebst du, wie dir deine Stärken, Schwächen und Grenzen klarer und bewusster werden. Du bist dadurch nicht nur in der Lage, mit dir selbst besser umzugehen, sondern du spürst, wie sich auch deine Beziehung zu anderen Menschen wesentlich verändert. Du gewinnst Einsicht in Vergängliches und lernst, das Unvergängliche hiervon zu unterscheiden. Durch diese Erfahrung bist du in der Lage, dein Denken und Handeln anders zu gewichten, was nicht nur zu deiner eigenen Erfüllung führt, sondern auch deinen Mitmenschen helfen oder ihnen Impulse geben kann.
Allein ein Bedenken oder Überdenken des eigenen Lebens reicht jedoch nicht aus. Zunächst müssen alle ungeordneten Kräfte geordnet und all das entfernt werden, was dem Empfangen der göttlichen Gnade im Wege steht.

In der **zweiten Woche** folgen sieben Betrachtungen über das Leben, das Leiden, den Tod und die Auferstehung Jesu Christi. Diese Betrachtungen möchten im Wesentlichen dazu beitragen, dein Herz weit zu machen, dich auf Gott auszurichten und deinen Glauben zu vertiefen. Der Weg führt über das Leben Jesu durch seinen Tod in die Auferstehung, in die du durch Jesus Christus mit hineingenommen bist. Durch ihn lernst du das Gebet der Hingabe, das dich mehr und mehr den Willen Gottes erkennen lässt. Es geht um das Loslassen des Ich, um ein Geschehenlassen und um ein neues Wahrnehmen.

In der **dritten Woche** übst du das innere Gebet, das dich in ein tiefes Schweigen vor Gott führen möchte. *Petrus von Alcántara* gibt in seinen Exerzitien eine einfühlsame Überleitung von den religiösen Betrachtungen zum inneren Gebet, das dich auf Dauer begleiten wird. Alle Sorgen und Zweifel um das rechte Beten werden durch eine sensible Hinführung und klare praktische Anleitungen von dir genommen. Du lernst, in der kurzen Anrufung Gottes sich seiner Führung zu überlassen. Wenn du alles ihm überlässt und somit zum Empfangenden wirst, bist du bereits auf dem rechten Weg. Mit der Zeit der Übung und Verinnerlichung wirst du dich wie von selbst von allen Vorgaben lösen und deinen persönlichen, dir zugedachten Weg in die tiefe Innerlichkeit und damit in die Nähe Gottes finden und gehen.

Die Fragen und Themen der ersten wie auch der zweiten Woche sind ein Schlüssel für dich, der dir tiefere Zugänge zu dir selbst und zur Botschaft Jesu Christi erschließt. Du kannst ihn auf der guten Grundlage alter christlicher Tradition bedenkenlos annehmen. Entschließe dich, damit du durch das innere Gebet in der dritten Exerzitienwoche offen bist für das Strömen der Liebe und das Atmen des Geistes Gottes in dir.

Erste Woche
Exerzitien im Alltag

In den ersten sieben Tagen
hast du die Möglichkeit,
dich selbst besser kennen zu lernen.

Es wird nach deinen Lebensentwürfen
und deiner religiösen Haltung gefragt
wie auch nach deiner Einstellung
zum Tod und der Zeit danach.

Erste Woche Montag
Werde dir deiner Stärken, Schwächen und Grenzen bewusst

1. Gebet

Komm Heiliger Geist,
erfülle die Herzen deiner Gläubigen
und entzünde in ihnen das Feuer deiner Liebe.
Sende aus deinen Geist,
und alles wird neu geschaffen.
Und du wirst das Angesicht der Erde erneuern.

Lasset uns beten.
Gott, du hast die Herzen deiner Gläubigen
durch die Erleuchtung des Heiligen Geistes gelehrt.
Gib, dass wir in demselben Geiste das,
was Recht ist, verstehen
und seines Trostes uns alle Zeit erfreuen mögen.
Durch Christus, unseren Herrn. Amen.

2. Übung
zur Leib- und Seelsorge
„Stehe zu dir"

🗝 Stelle dich aufrecht und richte deinen Blick in die Weite.

🗝 Fühle unter deinen Füßen den Boden und die Erde, die dich trägt.

🗝 Stelle die Füße etwas weiter auseinander, um festen Stand zu bekommen.

🗝 Nimm die Schwerkraft wahr, lote deinen Stand aus und gib in den Knien etwas nach.

🗝 Erspüre über deine Wirbelsäule bis zum Kopf hin die Aufrechte.

🗝 Lass in den Schultern los und gib alle Anspannung im Ausatmen ab.

🗝 Sei in voller Aufrichtigkeit ganz bei der Übung.

🗝 Da alles immer in Bewegung ist, wirst du nach einigen Minuten erneut durch Ausloten deinen Standort suchen und finden.

Wirkung

Du hast einen Standpunkt, einen festen Grund, auf dem du zu dir stehen kannst. Selbständig – ohne dich festhalten zu müssen – stehst du auf der Erde und nimmst an ihren Bewegungen teil. Indem der Raum in dir weiter und dein Atmen tiefer wird, erfährst du Befreiung vom Überdruck äußerer und innerer Spannungen. Du gehst jetzt eine neue Verbindung ein mit dem, was du bist und förderst somit den Kontakt zu dir selbst und deine Standfestigkeit gegenüber anderen. Wenn du durch diese Übung immer wieder deinen festen Standort auslotest, wird ungenutzte Energie mobilisiert, die du zum Erreichen deiner Ziele einsetzen kannst.

Religiöser Bezug

„Wenn ihr Standfestigkeit bewahrt, werdet ihr das Leben gewinnen."
(Lukas 21,19)

„In allem erweisen wir uns als Gottes Diener: durch große Standfestigkeit, in Bedrängnis, in Not, in Angst."
(2. Korintherbrief 6,4)

3. Betrachtung

Eine wichtige Voraussetzung für das Gehen des geistlichen Weges – der Betrachtung und des inneren Gebetes – ist, dass wir um uns wissen und unsere Stärken wie auch unsere Schwächen erkennen. Eine weitere Erkenntnis wird sich dann wie von selbst einstellen: Die wichtigsten und schönsten Ereignisse unseres Lebens beruhen letztlich nicht auf eigener Leistung. Sie sind ein Geschenk des Himmels. Liebe zu einem Menschen, zur Schöpfung und zu Gott kannst du nicht von dir aus wecken oder wollen – du empfängst sie, um sie zu bewahren, zu pflegen, wachsen zu lassen und dann weiterzuschenken. Vielleicht erkennst du – wenn du kurz die Stationen deines Lebens betrachtest –, dass alles Gute und Wesentliche dir von selbst zuströmt. Den Sinn harter Schicksalsschläge jedoch erkennen wir vorerst noch nicht. Nicht selten sind wir sprachlos und beginnen zu zweifeln. Doch davon werden wir später sprechen.

Erster Schritt

Erinnere dich an das Gute, das Liebevolle und die Unterstützung, die du in deinem Leben von anderen Menschen und damit letztlich von Gott erfahren hast. Hast du diese liebevollen Zuwendungen als selbstverständlich hingenommen oder kamen Dankbarkeit und Wertschätzung gegenüber anderen Menschen in dir auf? Hast du gespürt, dass sich hinter allem der Geber des unendlich Guten verbirgt?

Zweiter Schritt

Denke an die Zeit, in der du Dinge gedacht und getan hast, die dir heute Leid tun. Spüre, ob es Zeiten gab, in denen du dich Gott wenig verbunden fühltest. Erinnere dich – ohne lange darin zu verweilen –

an die Situationen und Augenblicke, in denen du ich-bezogen gehandelt und andere verletzt hast. Ab wann und warum ist es dir lieb geworden, Gedanken an Gott aufkommen zu lassen, ihn anzuerkennen und dich nach ihm auszurichten?

Beantworte dir selbst folgende Fragen:
- Was war dir vor allem wichtig?
- War es dir angenehm, etwas Schlechtes über andere zu hören? Hast du dich eventuell an diesem Reden beteiligt statt zu schweigen oder gar den anderen in Schutz zu nehmen?
- Konntest du Maß halten im Essen, Trinken, bei Vergnügungen aller Art und in deiner Sexualität?
- Sahst du in den Sakramenten ein Heilsmittel, das uns immer wieder mit Gott versöhnen möchte? Inwieweit hast du dieses uns entgegenkommende Angebot der Liebe Gottes ausgeschlagen?
- Hörtest du – besonders in rauen Zeiten – auf die leise Stimme deines Gewissens? Hast du gute Intuitionen zugelassen und sie verwirklicht?
- Wie bist du mit deiner Gesundheit und den natürlichen Lebenskräften umgegangen?
- Bist du mit den dir anvertrauten materiellen Werten verantwortungsvoll umgegangen und hast andere daran teilhaben lassen?
- In was hast du – außerhalb deiner beruflichen und menschlichen Pflichten – deine kostbare Lebenszeit investiert?
- Wie weit reichte deine Sorge für die dir am nächsten Stehenden und die dir von Gott anvertrauten Menschen?
- Was hast du unter dem Wort „Barmherzigkeit" verstanden? Hatte diese Art der Liebe einen konkreten Platz in deinem Leben?

Denke nun nach deinem Blick in die Vergangenheit über Zukünftiges nach:
- Was wirst du antworten, wenn du am Ende dieses Lebens gefragt wirst, was das Wichtigste auf dieser Welt für dich war?
- Kannst du dir vorstellen, wovon du nach deinem irdischen Tod leben wirst – dann, wenn du über keine zeitlichen und materiellen Güter mehr verfügst?

Dritter Schritt

Gehe in die Gegenwart und betrachte dein Leben. Du möchtest deinen Glauben vertiefen, um eine noch intensivere Verbindung mit dem Schöpfer einzugehen. Stell dir deinen Alltag vor und überlege, was der Erfüllung deiner Wünsche im Wege steht. Wahrscheinlich wirst du feststellen, dass dein Denken und Fühlen, dein Tun und Lassen von bestimmten Hindernissen begleitet werden, die dein Leben in ungewünschte Bahnen lenken.

Lass folgende Fragen auf dich wirken und versuche, sie zu beantworten:
- Beziehst du die Existenz Gottes in deinen Alltag ein? Bist du dir seiner unendlichen Liebe zu dir bewusst und bereit, sie zu empfangen?
- Gibt es in deinem Tagesablauf ein Innehalten, eine Zeit, in der du dich Gott ganz zuwendest?
- Kannst du Gefühle der Dankbarkeit zulassen? Kannst du sie anderen und Gott gegenüber ausdrücken?
- Nimmst du dir Zeit, auf deine innere Stimme zu hören und sie zu prüfen? Setzt du sie in bestimmten Situationen auch gegen deinen eigenen Willen durch?
- Gibt es im Ablauf deines Tages oder deiner Woche einen Gottesdienst, auf den du dich vorbereitest? Ist er dir ein Herzensanliegen oder bestimmen dich äußere Gründe?

Indem du dir Gedanken über die weiteren Fragen machst, ordnest und klärst du deine Innerlichkeit:
- Gehörst du zu den Menschen, die anderen gegenüber sehr streng, hart und kritisch sind und gegen sich selbst sanft, nachgiebig und unfähig, Kritik anzunehmen?
- Stehen dein Wille, deine eigene Ehre und deine eigene Sinnlichkeit im Mittelpunkt deines Lebens?
- Hast du einige der folgenden Haltungen bei dir festgestellt? Wenn Ja, denke darüber nach und versuche, ein unverfälschtes Bild von dir zu bekommen:

- Neigung zur Unwahrheit oder Verschleierung der Wahrheit
- Eitelkeit, Ehrgeiz
- Zorn und Jähzorn
- Freude, wenn andere Fehler machen oder sich irren
- Wankelmütigkeit, Leichtsinn und Unruhe
- Egoismus, Aufdringlichkeit und Beherrschen anderer
- Machthunger und Arbeitswut
- Oberflächlichkeit
- Unbeständigkeit, geringes Durchhaltevermögen
- Unüberlegtheit in Worten, Unbesonnenheit im Tun und Lassen
- Unzuverlässigkeit, fehlende Standfestigkeit
- Vernachlässigung der Hinwendung zu anderen Menschen und zu Gott

Vierter Schritt

Nun frage dich, was dich am stärksten belastet. Lege das Ungute in Gedanken in eine Waagschale. Die andere Schale fülle mit dem, von dem du glaubst, dass es gut war: deine Leistungen und all das, womit du anderen Freude bereitet hast. Denke an die Liebe, die durch dich in die Welt gekommen ist und an alles Wesentliche, das durch dich verursacht wurde und Bestand hat. In deiner Aufzählung sei jedoch eher bescheiden.

Nimm dich nun ein wenig zurück und versuche, als objektiver Beobachter auf die Waage zu schauen. Welche der beiden Schalen hat ein Übergewicht? Oder halten sie sich in der Schwebe? Um auf jeden Fall die Schale, die deine Last trägt, zu entlasten, stelle dir folgende Frage: Wie kam es dazu, dass du Dinge getan hast, die im Gegensatz zu allem Guten stehen, was der Schöpfer in unsere Natur gelegt hat?

- Geschah es aus Leichtsinnigkeit?
- Wolltest du anderen deinen Mut beweisen?
- Hat dein Gewissen dich vorher nicht gewarnt?
- War ungezügelte Sinnlichkeit im Spiel? Konntest du dich nicht zurückhalten?

- Hat dich falsche Sicherheit diesen Schritt tun lassen?
- Hast du Gott aus deinen Augen und deinem Herz verloren?
- Bist du in den Sog anderer geraten und hast die Übersicht verloren?
- Mussten andere Menschen unter deinem Fehlverhalten leiden?
- Welche Verantwortung hast du dir, anderen Menschen, der gesamten Schöpfung und Gott gegenüber?
- Bist du überzeugt, dass es einen Ausgleich für alles gibt, das durch dein Denken und Handeln in diese Welt kam?
- Weißt du, ob nicht andere Menschen etwas ertragen und aushalten müssen, das dir zum Heil wird?
- Ist durch dich aus niederen Beweggründen eine Störung in die Atmosphäre gelangt?

Es wäre gut, noch etwas zu verweilen und dir vorzustellen, dass wir nicht alles tun und lassen können, was wir wollen. Hinter allem und in allem steht eine höhere Macht, vor der wir uns zu verantworten haben. Wichtig ist, dich selbst richtig einzuschätzen und klar zu sehen, wer du bist. Vielleicht bekommst du nun eine Ahnung von dem, wer und wie Gott ist.
Welch wunderbare feste Hoffnung und welch unerschütterliches Vertrauen darfst du auf ihn setzen! Lerne dich selbst als Teil Gottes anzunehmen, und liebe dich nicht um deiner selbst willen. Seine Gnade wird sich dann in dir ungehindert mit deinem Wollen verbinden und dich auf sicherem Weg zu deinem Heil führen.

Fünfter Schritt

Stelle dich so wie du bist – mit allem Unguten und mit allem Guten – vor den Schöpfer und bitte ihn, dich anzunehmen. Bitte ihn, dir zu helfen, standfester zu werden, damit du nicht wie ein Schilfrohr im Wind hin und her schwankst – von allen Seiten beeinflussbar. Nimm Verbindung auf mit dem Herrn des Himmels und der Erde, damit er dich aufrichte und du dich wieder behaupten kannst und wesentlich wirst.

4. Stille und Gebet

Die vorhergehenden Fragen und Antworten haben bei dir etwas ausgelöst. Lass diese inneren Bewegungen einige Minuten bei geschlossenen Augen in dir nachklingen.

Herr, wie kommt es nur, dass wir das Gute,
das du uns erweist,
so wenig begreifen und es nicht für uns und andere
zum Nutzen anwenden?
Auf verschiedenste Weise lässt du uns
deine Liebe zuströmen;
doch wir, die wir in der Liebe zu dir
so wenig Erfahrung besitzen,
wissen nicht recht damit umzugehen.
Wir kehren allzu leicht in alte und enge
Gewohnheiten zurück.
Unsere Gedanken wenden sich oft von dir ab –
anstatt offen zu sein für die großen Geheimnisse,
die du uns im Heiligen Geist offenbaren möchtest.

5. Psalmen-Gebet
am Abend

Herr, du hast mich erforscht und du kennst mich.
Ob ich sitze oder stehe, du weißt von mir.
Von fern erkennst du meine Gedanken.
Ob ich gehe oder ruhe, es ist dir bekannt;
du bist vertraut mit all meinen Wegen.
Noch liegt mir das Wort nicht auf der Zunge –
du, Herr, kennst es bereits.
Du umschließt mich von allen Seiten
und legst deine Hand auf mich.

Erforsche mich, Gott, und erkenne mein Herz,
prüfe mich und erkenne mein Denken!
Sieh her, ob ich auf dem Weg bin, der dich kränkt,
und leite mich auf dem altbewährten Weg!

Psalm 139,1–5.23–24

Erste Woche Dienstag

Du gewinnst Einsicht in Vergängliches und lernst, Unvergängliches hiervon zu unterscheiden

1. Gebet

Du starker Gott, der diese Welt
im Innersten zusammenhält,
du Angelpunkt, der unbewegt
den Wandel aller Zeiten trägt.

Geht unser Erdentag zu End',
schenk Leben, das kein Ende kennt:
führ uns, dank Jesu Todesleid,
ins Licht der ew'gen Herrlichkeit.

Vollenden wir den Lebenslauf,
nimm uns in deine Liebe auf,
dass unser Herz dich ewig preist,
Gott Vater, Sohn und Heil'ger Geist. Amen.

Hymnus aus dem Stundenbuch

2. Übung
zur Leib- und Seelsorge „Bewahre Haltung"

Stelle dich aufrecht und bleibe einige Minuten in dieser geraden Haltung stehen. Lass leichte Schwankungen zu. Beende die Übung, wenn Ermüdungserscheinungen auftreten.

Ruhe dich ein wenig aus und gehe erneut in die aufrechte Haltung.

Spüre die Wirkung der Schwerkraft auf deinen Körper. Gehe aufmerksam in diese Bewegung hinein und wisse, dass du ein Teil dieser Erde bist.

Richte dich innerlich – von der Erde kommend – noch einmal auf und gehe dem Gedanken und dem Gefühl nach, dass du als Mensch mit der Luft, dem Licht und dem Himmel verbunden bist.

Frage dich am Ende der Übung: Wie habe ich meine Standfestigkeit erlebt? Wann trat Ermüdung ein? Welche Erfahrungen habe ich gemacht mit der Erde unter mir und dem Himmel über mir?

Wirkung

Die Einordnung in die Vertikale gehört zu den wesentlichen Voraussetzungen für die Entwicklung der Persönlichkeit. Du empfindest deine aufrechte Haltung als Ausdruck deines Wesens. Stellst du dir vor, erdhaft zu sein, empfindest du deinen Körper massiver, stabiler und gefestigter. Durch die Vorstellung, du würdest himmelwärts gezogen, wird die Erdenschwere scheinbar aufgehoben. Du gehst wie von selbst über deine leiblichen Grenzen hinaus, und ein Gefühl von Leichtigkeit kommt in dir auf. Du bist nun in der Lage, aus deiner Mitte heraus noch besser auf deine Umwelt zu wirken.

Religiöser Bezug

„Und der Geist hob mich empor zwischen Erde und Himmel."
(Ezechiel 8,3)

„Als David aufblickte, sah er den Engel des Herrn
zwischen Erde und Himmel stehen."
(1 Chronik 21,16a)

„Ich erhebe meine Hand zum Herrn, dem Höchsten Gott,
dem Schöpfer des Himmels und der Erde." *(Genesis 14,22)*

3. Betrachtung

Ein neuer Tag hat begonnen. Erkenne, wie vergänglich die irdischen Güter sind. Nimm das Unvergängliche in dir wahr und lerne auf dieser Grundlage das Kommen und Gehen, das Leben und den Tod sowie das Empfangen und Abgeben bejahend zu ertragen.

Erster Schritt

Stell dir die Zeit als Muschel vor. In dieser Muschel ist eine Perle eingeschlossen – die Perle „Ewigkeit". Die Muschel vergeht nach kurzer Zeit, die Perle jedoch besteht in Ewigkeit.
Betrachte rückblickend die Zeit deines Lebens. Selbst wenn dir manche Lebensabschnitte endlos lang erschienen, so waren sie doch sehr kurz.
Rechnest du von deiner Lebenszeit deine Kindheit ab und noch dazu die Zeit, die du im Schlaf zugebracht hast, so muss dir die Zeit deines Lebens noch kürzer erscheinen, als du glaubtest. Vergleichst du nun diese Zeit mit der Ewigkeit des künftigen Lebens, wirst du einsehen, dass sie weniger war als ein Augenblick. Ziehe hieraus den Schluss, wie töricht und sinnlos es ist, sich ausschließlich an diese Welt und ihre so schnell vergänglichen Freuden zu klammern. Dies bedeutet nicht, unser relativ kurzes Leben nicht zu genießen – dies kannst du durchaus, jedoch nur auf der Grundlage und der Erfahrung des Bleibenden, das heißt des ewigen Lebens.

Zweiter Schritt

Nachdem du die Kürze irdischen Lebens betrachtet hast, bedenke nun, wie ungewiss dein Leben sein kann. Wie viele Menschen auf dieser Welt erreichen ein hohes Alter? Es sind wenige. Wie viele

Menschen werden im besten und blühenden Lebensalter durch Armut, Krankheit oder Unfälle aus dem Leben gerissen …
Führe dir diese Unberechenbarkeit nochmals vor Augen. Lass dich vom plötzlichen Tod der Menschen berühren, mit denen du verwandt bist oder die du gut kannst. Erinnere dich an Menschen, die in hohem Ansehen standen, ein entsprechendes Amt bekleideten und im frühen Lebensalter plötzlich vom unerbittlichen Tod überrascht wurden. Ihre großen Pläne, Hoffnungen und Gedanken wurden jäh unterbrochen und zunichte gemacht.

Dritter Schritt

Betrachte die Schwachheit, Anfälligkeit und Gebrechlichkeit unseres Lebens. Es ist zerbrechlicher als Glas. Viele bekannte und unbekannte Ursachen können uns rasch, aber auch schleichend das Leben nehmen:
- materielle Armut und Verluste
- schleichende Krankheiten
- Kurzschlusshandlungen
- anhaltende Depressionen und Trauer
- ein seelischer Schock
- seelische Dauerbelastungen
- der Biss von einem giftigen Tier
- ein Unfall
- eine Blutvergiftung
- heftiges Fieber
- verpestete Luft
- ein Schritt zu viel

Täglich machst du die Erfahrung, dass Menschen jeden Alters – vorbereitet wie auch unvorbereitet – aus diesem Leben abberufen werden.

Vierter Schritt

Nichts und niemand bleibt über längere Zeit im gleichen Zustand. Alles verändert sich und ist in Bewegung. Schau zum Beispiel auf die Gesundheit deines Körpers. Sei dankbar, wenn sie dir geschenkt ist – sie ist jedoch nicht unbedingt von immerwährender Dauer.
Bedenke ferner die Unbeständigkeit deiner inneren Verfassung, ebenso die deiner Gedanken, die kommen und gehen. Manchmal bist du aufgewühlt wie ein von Windstürmen zerzaustes Meer. Dann wiederum tritt Ruhe ein. Gefühle können dich überfluten und dann wieder verebben. Du kannst von einer Leidenschaft hin und her gerissen sein. Geistige Höhenflüge bereichern dich; auf der anderen Seite musst du Durststrecken auf dich nehmen. Auch deine Gedanken sind ständig in Bewegung. Sie können dich anspornen und dir Erfüllung schenken, dich jedoch auch quälen oder zur Verzweiflung bringen. Ebenso kannst du in deinem Herzen sanfte Ruhe fühlen – dann wieder von Sehnsucht und großer Unruhe hin und her gerissen werden.

Betrachte das Glück, wie es kommt und geht – einem Rad gleich, das ständig in Bewegung ist, das vorwärts und rückwärts rollt, so dass keine Speiche an ihrem Platz bleibt. Betrachte dein Glück:
- ein sorgenfreies Privatleben
- Erfolg im Beruf
- anhaltende Gesundheit
- Eigentum und Wohlstand
- ein harmonisches Familienleben

Glück kannst du niemals festhalten oder erzwingen. Es schenkt sich dir, kann dir jedoch auch wieder genommen werden.
Unser Leben ist immer in Bewegung und verändert sich ständig. Es liegt einzig und allein an dir, ob du aus dieser Bewegung Fortschritte oder Rückschritte machst.

Fünfter Schritt

Oft sind wir derart fasziniert und angetan von einer Sache, dass wir sie in völlig falschem Licht sehen. Was sich anfangs als wertvoll und liebenswert herausstellt, offenbart sich später oft als das Gegenteil, unter dem wir dann sehr leiden.

Bei manchen Plänen und Handlungen gehen wir davon aus, dass unser irdisches Leben niemals zu Ende gehen könnte – obwohl es doch in einen begrenzten Zeitraum eingeschlossen ist. Statt sich das Elend und die Schmerzen, die in der Welt herrschen, des Öfteren vor Augen zu führen, leben manche Menschen so, als gäbe es sie nicht. Wenn sie selbst jedoch eines Tages davon betroffen werden, sind sie aufgebracht, enttäuscht und hoffnungslos.

Andere scheuen in ihrem Fanatismus keine Gefahr und kein noch so kühnes Unternehmen, um ein – meist vordergründiges – Ziel zu erreichen. Dass sie auf diesem Weg bleibende Werte zerstören und Türen zuschlagen, die sie weitergeführt hätten, wird ihnen erst später, oft unter großen Schmerzen, klar. Wenn das Glück auf Kosten anderer gesucht und vielleicht auch kurzfristig gefunden wird, hat es keinen Bestand. Nicht wieder gutzumachende, bleibende Schäden, Risse im Lebensfundament, Hoffnungslosigkeit und große Enttäuschungen sind unweigerlich die Folgen.

Sechster Schritt

Bedenke, dass für viele Menschen das Leben zu einem Tal der Tränen geworden ist und es sie unendliche Mühen kostet, ein Existenzminimum zu erreichen – sowohl materiell als auch geistig. Bedenke zudem, wie viele Menschen körperlich und geistig unheilbar krank sind – bereits tot mitten im Leben.
Nutze die dir verbleibende kurze Zeit und knüpfe, wann immer du es kannst, für dich und stellvertretend auch für die, die es nicht vermögen, eine Verbindung zum ewigen Leben.

Vielleicht kannst du nach diesen Betrachtungen ein größeres Herz für die Leiden und das Elend dieser Welt bekommen und dich für eine bessere Welt einsetzen? Denke daran, wie kurz dein Leben ist, und versäume es nie, durch Betrachtung und Gebet tiefere Erkenntnisse und größere Innerlichkeit zu erlangen. Versäume es nie, dem immer seienden, ewigen Gott Zeit zu schenken und einen Raum in deinem Inneren zu bereiten.

Siebter Schritt

Am Ende jeden Lebens steht der Tod. Der Tod bringt Endgültiges für den Körper mit sich und große Veränderung für die Seele. Der Leib wird von allen Dingen dieser Welt abgeschnitten, während die Seele sich nur langsam von ihm trennt. Sie setzt nun ihren Weg allein fort. Den Tod vor Augen wirst du erkennen, wie kurz für dich der Aufenthalt auf dieser Welt war. Wer nicht durch das Leben selbst und durch das innere Gebet eingeübt ins Loslassen ist, wird während des Sterbens, das uns allem Gewohnten und Liebgewordenen entreißt, eventuell Kämpfe ausstehen müssen. Es gibt jedoch auch Menschen, die am Ende ihres Lebens dem Tod dankbar beggnen. Es sind diejenigen, die durch ein erfülltes Leben gereift sind und spüren, dass nun ein neues Leben auf sie wartet. Für sie erfüllt sich mit dem Tod eine tiefe Sehnsucht, denn nach ihrem Glauben und Wissen beginnen sie nun, ewig zu leben.

Frage dich am Ende der Betrachtung noch einmal,
wie du dich für eine bessere Welt einsetzen kannst.

Kannst du es in Worte bringen,
von welcher Last du erlöst werden möchtest?

Führe dir das Gute und Kostbare vor Augen,
das es in deiner jetzigen Lebensphase gibt.

4. Stille und Gebet

Schließe die Augen und stell dir ein Rad vor, das sich dreht. Im Zentrum der Nabe gibt es einen Punkt, den innersten Punkt, der sich nicht bewegt, um den sich aber alles dreht. Versuche inmitten deiner Welt, in der du lebst, unter dem Veränderbaren das Unveränderliche wahrzunehmen.

Mein Herr und mein Gott, wie groß sind deine Wunder.
Du hast in uns Geheimnisse verborgen,
die mich in großes Staunen versetzen.
Und viele wird es noch geben, um die ich nicht weiß.
Wie einfältig sind wir und meinen etwas von dir zu verstehen.
Du bist überaus groß und deine Herrlichkeit tritt
aus allem, was du geschaffen hast, leuchtend hervor.

5. Psalmen-Gebet
am Abend

Herr, du warst unsere Zuflucht
von Geschlecht zu Geschlecht.
Ehe die Berge geboren wurden,
die Erde entstand und das Weltall,
bist du, o Gott, von Ewigkeit zu Ewigkeit.
Du lässt die Menschen zurückkehren zum Staub
und sprichst: „Kommt wieder, ihr Menschen!"
Denn tausend Jahre sind für dich
wie der Tag, der gestern vergangen ist,
wie eine Wache in der Nacht.
Von Jahr zu Jahr säst du die Menschen aus;
sie gleichen dem sprossenden Gras.
Am Morgen grünt es und blüht,
am Abend wird es geschnitten und welkt.
Unsere Tage zu zählen, lehre uns!
Dann gewinnen wir ein weises Herz.
Es komme über uns die Güte des Herrn, unseres Gottes.
Lass das Werk unsrer Hände gedeihen,
ja, lass gedeihen das Werk unsrer Hände!

Psalm 90,1–6.12.17

Erste Woche Mittwoch
Das Sterben, der Tod und die Zeit danach

1. Gebet

Du Abglanz von des Vaters Pracht,
du bringst aus Licht das Licht hervor,
du Licht vom Licht, des Lichtes Quell,
du Tag, der unsern Tag erhellt.

Du wahre Sonne, brich herein,
du Sonne, die nicht untergeht,
und mit des Geistes lichtem Strahl
dring tief in unsrer Sinne Grund.

Wir rufen auch den Vater an,
den Vater ew'ger Herrlichkeit,
den Vater, reich an mächt'ger Huld:
Er halte fern, was uns versucht.

Er stärke uns zum guten Werk,
er leite machtvoll unser Tun,
er sei uns Kraft in harter Fron
und lenke unsren schwachen Geist.

Und Christus werde unser Brot,
und unser Glaube sei uns Trank,
in Freude werde uns zuteil
des Geistes klare Trunkenheit.

Das Morgenrot steigt höher schon,
wie Morgenrot geh Er uns auf:
in seinem Vater ganz der Sohn
und ganz der Vater in dem Wort. Amen.

Hymnus aus dem Stundenbuch

2. Übung
zur Leib- und Seelsorge „Lass dich los"

🔑 Setze dich und erlebe – von den Füßen aufwärts – deinen gesamten Körper, so dass du dich in ihm spürst.

🔑 Wenn es still um dich und in dir geworden ist, nimm wahr, wie es in dir atmet, wie die langsame und tiefe Bewegung des Zwerchfells kommt und geht.

🔑 Im Wissen, nichts leisten zu müssen, kannst du bei jedem Ausatem mehr und mehr deine Verspannungen loslassen.

🔑 Beginne bei den Oberschenkeln und der Damm-Muskulatur. Halte nichts fest. Vertraue der Erde, die dich trägt.

🗝 Lass nun alle Anspannung im Nacken- und im Schulterbereich los. Um das Abgeben zu erleichtern, kannst du dir anfangs sagen: „Ich lass mich los".

🗝 Wenn du die Schultern fallen lässt, lass dich gleichzeitig in den Schultern los.

🗝 Spüre das Loslassen als Sterben bestimmter Ich-Strukturen, die sich im Nacken festgesetzt haben und somit deine innere Entwicklung blockieren.

🗝 Übe das Dich-Loslassen mehrmals am Tag. Selbst wenn die Übung nur einige Augenblicke dauert, hat sie große Wirkung.

Wirkung

Durch Abbau von Verspannungen erlebst du den gegenwärtigen Augenblick klarer und intensiver. Deine Wahrnehmung nimmt zu, und du kannst dich schneller und eindeutiger entscheiden. Du lernst, all das in den Ausatem zu legen und damit abzugeben, was nicht zu dir gehört und dich in deiner Entwicklung hemmt. Enge Grenzen deines Sicherheitssystems, in dem du dich eingerichtet hast, weiten sich.

Religiöser Bezug

„Der Herr sprach zu Abram: Zieh weg aus deinem Land, von deiner Verwandtschaft und aus deinem Vaterhaus in das Land, das ich dir zeigen werde." *(Genesis 12,1)*

„Du musst deine Hand loslassen von dem Erbe."
(Jeremia 17,4a)

„Mache dich los von den Banden deines Halses."
(Jesaja 52,2b)

3. Betrachtung

Nimm an diesem Tag die Betrachtung über das Sterben und den Tod noch einmal auf. Du wirst, wenn du den Tod in dein Leben einbeziehst, zu einer wesentlich tieferen Wahrheit und Weisheit gelangen. Du wirst dein Leben ordnen und andere Prioritäten setzen. Du weißt die dir geschenkte kostbare Lebenszeit noch besser zu nutzen, indem du dem Guten, der Liebe und damit Gott einen größeren Raum in dir bereitest. Du lernst, tiefer und bewusster aus dieser Quelle zu leben.

Erster Schritt

Sei dir darüber im Klaren, dass du die Stunde, in der der Tod dich aus dieser Welt ruft, nicht weißt und nicht vorher bestimmen kannst. Du kennst weder den Tag noch die Stunde; du kennst weder den Ort noch den Zustand, in dem der Tod dich antreffen wird. Du weißt nur mit Sicherheit, dass du einmal sterben wirst – die Zeit und die näheren Umstände deines Todes bleiben dir jedoch unbekannt. Nicht selten ereilt der Tod den Menschen gerade dann, wenn dieser am wenigsten an ihn denkt und er sich ihm noch weit entfernt glaubt.

Zweiter Schritt

Im Tod vollzieht sich nicht nur eine Trennung von deinem gegenwärtigen Umfeld und den Menschen, die du liebst, sondern die Seele trennt sich auch von deinem Körper, mit dem sie ein Leben lang eine Einheit bildete. Vorübergehend wirst du das Empfinden haben, aus allem, was dir lieb und wert wurde, verjagt zu werden. Ein Bild möchte dir diesen Vorgang der Trennung verdeutlichen:
Wenn ein Mensch, den wir lieben oder dem wir sehr verbunden sind, von uns geht, entsteht durch seinen Tod ein Bruch. Stelle dir zwei

aneinander geleimte Bretter vor, die auseinander gerissen werden. Der Bruch wird niemals an der Leimstelle erfolgen, sondern im Holz, im Verlauf einer Maserung. Das bedeutet, der durch die Trennung entstandene Schmerz ist auf beiden Seiten. Keiner kann mehr so weiterleben, wie er es durch die gemeinsame Liebe gewohnt war.

Was wird mit unserer Seele geschehen und wie wird sie sich fühlen, wenn sie sich im Tod vom Körper trennt? Wie wird nach dem Tod der Zustand deiner Seele sein? In welche Richtung wandert sie, und was wird mit ihr geschehen? Das aktive Leben wird diese Fragen nicht zulassen wollen; für den Sterbenden jedoch werden sie zur unabwendbaren Wirklichkeit.

Im Tod kommt uns unser gesamtes Leben mit seinen Licht- und Schattenseiten ins Gedächtnis zurück. Das, was uns im Leben großes Vergnügen bereitete, kann uns jetzt – im Licht der Wahrheit – mit umgekehrten Vorzeichen erscheinen.

Dritter Schritt

Um dich auf den Abschied von dieser Welt vorzubereiten, der plötzlich und unerwartet erfolgen kann, um die Angst zu verlieren und selbst im Tod noch Erfüllung zu finden, stehen dir große Gnadenmittel zur Verfügung. Sie drängen sich dir nicht auf – du musst den Wunsch haben, sie zu empfangen: die Versöhnung mit dir, mit anderen Menschen – und letztlich, soweit es dir möglich ist, die Versöhnung mit Gott. Aus dem Empfang des Abendmahles oder der Kommunion strömen dir, wenn du dich öffnest, heilende Kräfte zu. Die Krankensalbung verleiht dir Stärke und Gnade zur Reise, die du jetzt oder später antrittst.

Es liegt an dir, rechtzeitig Sorge zu treffen und dich entsprechend vorzubereiten, damit dir dein Sterben und der Tod erleichtert werden. Viele Menschen überdenken erst spät ihr Leben. Und wenn sie feststellen, dass vieles nicht gut, ja, vielleicht sogar schlecht war, was von ihnen ausging, bekommen sie Angst. Sie gäben alles dafür, wenn ihr Leben ein wenig verlängert würde, um einiges wieder gut zu machen. Sie nehmen sich fest vor, ihr Leben zu ändern und es in den Dienst Gottes zu stellen.

Bedenke jedoch, wie schwer es ist, erst im Sterben seine Gedanken und seine Innerlichkeit auf Gott auszurichten. Wenn zu früheren Zeiten keine Einübung erfolgte, fällt es nicht leicht, jetzt erst damit zu beginnen – erst recht, wenn körperliche und seelische Schmerzen Überhand gewinnen. Um den Tod zu bewältigen, bedarf es meist einer inneren und äußeren Anstrengung – sowohl des Sterbenden selbst als auch derjenigen, die ihn begleiten.

Vierter Schritt

Wie wird es weitergehen? Körper und Seele gehen nun zwei getrennte Wege. Dir nahe stehende Menschen werden deinen Körper zu Grabe tragen und dich beerdigen. Sie werden von dir reden, aber auch für dein Seelenheil beten und deiner liebevoll gedenken. Bei den meisten Menschen jedoch wird sich über die Erinnerung schnell Vergessenheit legen.
Doch welchen Weg wird deine Seele gehen? Welche Zukunft steht dir nach diesem irdischen Leben bevor? Wie können wir etwas darüber aussagen, da doch niemand „von dort" zurückgekehrt ist? Wenige Menschen haben unter besonderen Umständen die Todesgrenze überschreiten können und sind wieder zurückgekehrt. Wie das Leben vor dem Tod bei uns Menschen unterschiedlich ist, so unterschiedlich ist auch unsere Zukunft nach dem Tod.
Die Seele muss Zwischenstationen aushalten, wenn ihr Weg noch nicht geradlinig ins Licht führt. Von der jenseitigen Welt kommt ihr jedoch das rettende Licht, Christus, entgegen. Er möchte unsere Seele mit seiner Lichtherrlichkeit bekleiden. Da alle unsere vergangenen Gedanken und Taten an unserer Seele hängen, fällt es ihr dann besonders schwer, dem Licht entgegenzugehen, wenn Untaten überwiegen. Wie eine schwere Last ziehen sie die Seele vom Licht ab. Unsere Seele muss daher in Reinigungs- und Läuterungsprozessen von allem entkleidet werden, was sie beschwert.

Für viele gibt es einen bruchlosen Übergang vom inneren Licht ins Licht – Befreiung und Verwandlung.
„Amen, amen, ich sage euch: Wenn jemand an meinem Wort festhält, wird er auf ewig den Tod nicht schauen." *(Johannes 8,51)*

Kannst du Vertrauen aufbringen im Blick auf deine Zukunft, die uneinsehbar und noch ungesichert vor dir liegt?

Was löst das Wort „Was der Mensch sät, wird er ernten" in diesem Augenblick bei dir aus?

Wie gehst du mit dem Gedanken an deinen eigenen Tod um?

Was würdest du in deinem Leben verändern, wenn du erfahren würdest, dass du in absehbarer Zeit sterben musst?

4. Stille und Gebet

Deinen Tod, o Herr, verkünden wir
und deine Auferstehung preisen wir,
bis du kommst in Herrlichkeit.

Sprich dieses Geheimnis des Glaubens mehrere Male leise aus und wiederhole es dann innerlich, ohne die Zunge und die Lippen dabei zu bewegen. Lass dich dabei los – wie du es schon von der Übung zur Leib- und Seelsorge kennst.

Herr, ich bitte dich um Durchhaltevermögen und die Kraft,
mich nicht vom Weg abbringen zu lassen.
Geleite mich in deinem großen Erbarmen
auf den rechten Pfad zurück,
sollte ich ihn aus Eigensinn verfehlt haben.
Lass mich nicht wahllos umherschweifen
und in die Irre gehen;
lass mich keine kostbare Zeit verlieren,
um nicht verspätet am Ziel meiner Reise anzukommen.

5. Psalmen-Gebet
am Abend

Wer im Schutz des Höchsten wohnt
und ruht im Schatten des Allmächtigen,
der sagt zum Herrn: „Du bist für mich Zuflucht und Burg,
mein Gott, dem ich vertraue."

Er rettet dich aus der Schlinge des Jägers
und aus allem Verderben.
Er beschirmt dich mit seinen Flügeln,
unter seinen Schwingen findest du Zuflucht,
Schild und Schutz ist dir seine Treue.

Du brauchst dich vor dem Schrecken der Nacht
nicht zu fürchten,
noch vor dem Pfeil, der am Tag dahinfliegt,
nicht vor der Pest, die im Finstern schleicht,
vor der Seuche, die wütet am Mittag.

Dir begegnet kein Unheil,
kein Unglück naht deinem Zelt.
Denn er befiehlt seinen Engeln,
dich zu behüten auf all deinen Wegen.
Sie tragen dich auf ihren Händen,
damit dein Fuß nicht an einen Stein stößt.

Wenn du den Herrn anrufst, wird er dich erhören.
In der Not wird er bei dir sein und dich befreien.
Ein langes Leben wird er dir schenken
und dich schauen lassen sein Heil.

Psalm 91,1–6.10–12.15–16

Erste Woche Donnerstag

„Wer mein Wort hört
und dem glaubt,
der mich gesandt hat,
hat das ewige Leben."

Johannes 5,24a

1. Gebet

Schon zieht herauf des Tages Licht,
wir flehn zu Gott voll Zuversicht:
Bewahre uns an diesem Tag
vor allem, was uns schaden mag.

Bezähme unsrer Zunge Macht,
dass sie nicht Hass und Streit entfacht;
lass unsrer Augen hellen Schein
durch Böses nicht verdunkelt sein.

Rein sei das Herz und unversehrt
und allem Guten zugekehrt.
Und gib uns jeden Tag das Brot
für unsre und der Brüder Not.

Senkt sich hernieder dann die Nacht
und ist das Tagewerk vollbracht,
sei dir all unser Tun geweiht
zum Lobe deiner Herrlichkeit.

Dich, Vater, Sohn und Heil'ger Geist,
voll Freude alle Schöpfung preist,
der jeden neuen Tag uns schenkt
und unser ganzes Leben lenkt.

Hymnus aus dem Stundenbuch

2. Übung
zur Leib- und Seelsorge
„Finde deine Wurzeln"

🗝 Setze dich bequem. Gib alle Anspannung ab – besonders im Beckenbereich; so dass du den Platz, auf dem du sitzt, auch wirklich be-sitzt.

🗝 Verankere dich imaginär fest in der Erde, indem du von deinen Füßen aus Wurzeln in den Boden wachsen lässt. Du kannst die Augen schließen.

🗝 Richte langsam deine Wirbelsäule auf und beginne deinen Wurzeln nachzugehen. Diese liegen in deinem Vater und in deiner Mutter.

🗝 Gehe über sie hinaus zu deinen Großeltern und zu allen deinen Vorfahren.

🗝 Verfolge die Evolutionskette zurück zu allen Formen, die Leben angenommen haben.

🗝 Spüre über den Planeten Erde hinaus in das gesamte Universum.

🗝 Nimm nun jenseits des Universums deine Wurzeln wahr, die im Anfang allen Werdens gründen: im Urgrund göttlichen Seins.

🗝 Versuche von hieraus deine Wurzeln zu orten.

🗝 Stimme dieser Wirklichkeit zu und komme langsam in deine Gegenwart zurück.

Wirkung

Viele Menschen sind Entwurzelte – nicht nur deshalb, weil sie nicht mehr von ihrer Hände Arbeit leben. Oft fehlen Bodenständigkeit und eine Anbindung an die gewachsene Kultur. Ein Vakuum ist entstanden. Die Übung zeigt, wie du „Luftwurzeln" bilden kannst, um aus dieser labilen Situation herauszukommen und eine Verankerung zu finden. Das Universum und der Schöpfer des Himmels und der Erde bieten „Grund" für die geistigen Wurzeln, die es zu entwickeln gilt.

Religiöser Bezug

„Die ganze Schöpfung wartet sehnsüchtig auf das Offenbarwerden der Kinder Gottes. Wir wissen, dass die gesamte Schöpfung bis zum heutigen Tag seufzt und in Geburtswehen liegt."
(Römerbrief 8,19.22)

„In künftigen Tagen schlägt Jakob wieder Wurzel, Israel blüht und gedeiht, und der Erdkreis füllt sich mit Früchten."
(Jesaja 27,6)

„Nicht du trägst die Wurzel, sondern die Wurzel trägt dich."
(Römerbrief 11,18b)

3. Betrachtung

Ob es viele oder wenige Menschen sind, die sofort aus dem Tod ins ewige Leben hinübergehen, wissen wir nicht. Doch wissen wir – oder ahnen es zumindest –, dass es eine ausgleichende Gerechtigkeit gibt. Wenn du das Leid in dieser Welt betrachtest und die körperlichen und seelischen Schmerzen vieler Menschen, solltest du dir folgende Fragen stellen:

- Warum hat gerade dieser oder jener Mensch ein so schweres Schicksal?
- Gibt es bereits in der Welt, in der wir leben, einen gerechten Ausgleich?
- Helfe ich mit, das Leid anderer, das der Welt und des gesamten Kosmos erträglicher zu machen?
- Welchen tieferen Sinn haben Schmerzen, Leiden und der Tod?

Vieles bleibt für uns trotz eindeutiger Aussagen in den Heiligen Schriften unklar. Die Betrachtung der letzten Dinge an diesem Donnerstag wird dir – soweit es überhaupt möglich ist – helfen, dein Leben neu zu überdenken, andere Schwerpunkte zu setzen, dich engagierter dem Guten zuzuwenden und eine tiefere Verbindung zum Schöpfer zu finden.

Erster Schritt

Es muss einen Tag geben, an dem alles Ungeklärte geklärt wird, an dem alle Kriege und Streitigkeiten ein Ende haben – einen Tag, der sowohl die gesamte Vergangenheit als auch die Gegenwart umfasst. An diesem Tag kommen alle Prozesse zum Stillstand und jedes Leben wird im Anblick alles Geschaffenen offenbar. Ob dieser Tag erst am Ende des Schöpfungsprozesses steht, wissen wir nicht – ebenso wenig wissen wir, ob wir dann für immer in die Ewigkeit eintauchen oder ob es eine neue Schöpfung gibt, die uns neue Chancen der Bewährung bietet. Wie wird sich die durch Untaten und Sünden der Menschen angesammelte dunkle Kraft entladen, damit es zum Ausgleich kommt? Was ist und wird vergeben, und was müssen wir selbst austragen, damit durch uns Schatten aufgehoben und Dunkles in Licht gewandelt wird?

Zweiter Schritt

Jedem Ereignis gehen bestimmte Zeichen voraus. Sie möchten uns – vorausgesetzt, wir sind fähig sie wahrzunehmen – auf das unausweichlich Kommende vorbereiten. Die Zeichen möchten uns vor einem Schock, vor Kurzschlusshandlungen und vor übergroßer Angst bewahren, so dass wir in dem Augenblick, in dem das Ereignis eintritt, nicht ins Bodenlose versinken.

Dritter Schritt

„Wir wollen euch über die Verstorbenen nicht in Unkenntnis lassen, damit ihr nicht trauert wie die anderen, die keine Hoffnung haben. Wenn Jesus – und das ist unser Glaube – gestorben und auferstanden ist, dann wird Gott durch Jesus auch die Verstorbenen zusammen mit ihm zur Herrlichkeit führen. Denn der Herr selbst wird vom Himmel herabkommen, wenn der Befehl ergeht, der Erzengel ruft und die Posaune Gottes erschallt." *(1. Thessalonicherbrief 4,13 – 14.16)*
Es wird dieser Tag kommen, an dem die Schöpfung, und damit auch wir, befreit sind von der Sklaverei in der Vergänglichkeit. Jesus Christus hat jede Herrschaft und jede Gewalt zunichte gemacht. Solltest du dich daher nicht auf dieses Fest freuen? Die Hoffnung, dieses einst miterleben zu dürfen, gibt Trost und Hilfe in allem Schmerz, den du auszuhalten hast.

Vierter Schritt

Wer wir auch sind, und was wir auch immer getan oder nicht getan haben: Vor Gott sind und bleiben wir letztlich fehlbare Menschen. Wir sind auf seine Güte und seine Vergebung angewiesen. Stell dir vor, Christus spräche zu deiner Seele. Fühle dich in die Fragen ein und versuche sie in Offenheit dir selbst gegenüber zu beantworten.

- Seit Anbeginn der Welt habe ich dich geliebt und bin dir immer nahe. Warum hast du mich verlassen und bist dem nachgejagt, das keinen Bestand hat?
- Das Bild des Ewigen ist deiner Seele eingeprägt. Warum hast du dich trotzdem dunklen Kräften und dem Widergöttlichen zugewendet, statt die Herrlichkeit Gottes in dir zum Leuchten zu bringen?
- Unzählige Male hattest du in deinem Leben die Möglichkeit, umzukehren und dich dem Wahren zuzuwenden. Immer wieder habe ich dich bei deinem Namen gerufen. Warum hast du mein Rufen überhört und bist weitergegangen?
- Du siehst die Wundmale an meinen Händen, meinen Füßen und an meiner Seite. Sie schließen sich erst, wenn die letzte Seele Erlösung gefunden hat. Meine Hände sind ebenso geöffnet, weil ich mich dir und allen Menschen ganz aushändige. Durch deinen Egoismus und fehlende Nächstenliebe hast auch du mich erneut ans Kreuz genagelt. Warum hast du so gehandelt? Hast du die Stimme deines Gewissens und deiner Seele unterdrückt? Hast du sie verdrängt, um besser vor anderen und der Welt dazustehen?
- Wozu hast du das kostbare Gut in dir verwendet – die kostbare Perle, die ein Geschenk des Himmels an dich war und ist?

Lass dir Zeit und gehe wegen der existenziellen Bedeutung die Fragen und deine Antworten noch einmal gewissenhaft, ehrlich und in aller Ruhe durch.

„Denn, so spricht der Herr, der Heilige Israels: Nur in Umkehr und Ruhe liegt eure Rettung, nur Stille und Vertrauen verleihen euch Kraft."
(Jesaja 30,15)

Wie kannst du dich noch engagierter
dem Guten zuwenden?

Es heißt, nur Stille und Vertrauen verleihen dir Kraft.
Gibt es in deinem Tagesablauf Augenblicke der Stille?
Worauf und auf wen richtet sich dein Vertrauen?

Nimm an dieser Stelle nochmals eine Frage aus
dem Betrachtungstext auf, die dich besonders betroffen
gemacht hat. Lass sie auf dich wirken und versuche
entweder selbst eine Antwort zu finden oder sie dir im
anschließenden Gebet der Stille schenken zu lassen.

4. Stille und Gebet

Denke an deine Mutter oder an deinen Vater und erspüre eine Situation, in der du ihnen besonders nahe warst. Versuche – über sie hinausgehend – dich im Urgrund allen Seins, in Gott, zu verwurzeln.

In deiner Wirklichkeit, Herr, habe ich wichtige Wahrheiten erkannt.
Du selbst bist die Wirklichkeit, die keinen Anfang
und kein Ende kennt.
Aus dieser Wirklichkeit entspringen alle Wirklichkeiten.
Du bist die Liebe, aus der alle Liebe hervorgeht.
Du bist die Herrlichkeit, in der alle Herrlichkeit
ihren Ursprung hat.

Durch deine Wahrheit, Liebe und Herrlichkeit
erhebst du meine Seele zu Größerem.
Du lässt sie deine unendliche Gnade erfahren und
prägst ihr erhabene Dinge ein.
Meine Unwahrheiten, Lieblosigkeiten und Dunkelheiten
hältst du mir nicht mehr vor Augen.
Die Abgründe meiner Seele haben vor dir keinen Bestand.
Die Last, die ich durch Schuld und Unwissenheit
auf mich geladen habe,
hast du, Herr, von mir genommen
und einen neuen Menschen aus mir gemacht.

5. Psalmen-Gebet
am Abend

Wende dein Ohr mir zu, erhöre mich, Herr!
Denn ich bin arm und gebeugt.
Du bist mein Gott. Sei mir gnädig, o Herr!
Den ganzen Tag rufe ich zu dir.

Herr, fülle mein Herz mit Freude;
denn ich erhebe meine Seele zu dir.
Herr, du bist gütig und bereit zu verzeihen,
für alle, die zu dir rufen, reich an Gnade.

Herr, vernimm mein Beten,
achte auf mein lautes Flehen!
Am Tag meiner Not rufe ich zu dir;
denn du wirst mich erhören.

Weise mir, Herr, deinen Weg;
ich will ihn gehen in Treue zu dir.
Richte mein Herz darauf hin,
allein deinen Namen zu fürchten!

Ich will dir danken, Herr, mein Gott,
aus ganzem Herzen,
will deinen Namen ehren immer und ewig.
Du hast mich den Tiefen des Totenreichs entrissen.
Denn groß ist über mir deine Huld.

Psalm 86,1.3–7.11–13

Erste Woche Freitag
Was uns erwarten könnte

1. Gebet

Gewähre mir, ich bitte dich, gütiger Gott,
die Gnade zu ersehnen,
zu erforschen und zu erfüllen,
was dir wohlgefällig ist.

Lenke so meinen Weg durch die Welt,
dass ich deinen Willen erfülle
und gewähre mir für alles die rechte Einsicht
und das Vermögen, es zu vollbringen.

Lass meinen Weg zu dir, ich bitte dich,
sicher, gerade und vollkommen sein bis zum Ende.
Gib mir, o Herr, ein festes Herz,
das sich nicht deprimieren lässt.
Gib mir ein aufrechtes Herz,
das sich nicht auf Abwege bringen lässt.

Erfülle mich, mein Herr und mein Gott,
mit Verstand, dich zu erkennen,
mit Eifer, dich zu suchen,
mit Weisheit, dich zu finden,
mit einer Treue, dass ich am Ende dich umarmen darf.

Nach Thomas von Aquin, 13. Jahrhundert

2. Übung
zur Leib- und Seelsorge
„Bleibe fest und ruhig stehen"

🗝 Ziehe die Schuhe aus, um eine bessere Fühlung zum Boden aufzunehmen. Stelle dich frei in den Raum. Deine Füße stehen in Schulterbreite auseinander.

🗝 Nimm mit den Füßen Kontakt zum Boden auf und spüre in ihn hinein.

🗝 Blicke ins Weite. Erlebe den nach oben gerichteten Zug deiner Wirbelsäule und spüre über das Scheiteldach hinaus himmelwärts.

🗝 Versuche deinen Schwerpunkt in der Leibmitte zu finden. Lass deine Bauchmuskeln unter Spannung, doch spanne sie nicht bewusst an. Lass dich in den Schultern los. Deine Finger weisen nach unten.

🗝 Spüre dich im Atmen. Jedes Ausatmen wird dein Gleichgewicht etwas nach vorn verschieben; jedes Einatmen führt dich zur Mitte zurück.

🗝 Verwurzle dich im Ausatmen tiefer in die Erde und empfange beim Einatmen Kräfte der Erde, die dich über dich hinauswachsen lassen.

🗝 Schließe deine Augen und spüre noch stärker die Erde unter dir und den Himmel über dir. Spüre den Raum um dich herum.

Wirkung

Das Aufrechtsein fühlt sich kraftvoll an, wenn du sicher auf beiden Beinen stehst und deine Mitte ausgelotet hast. Der Rat, dich in den Schultern loszulassen, besagt mehr als „Lass in den Schultern los". Das Erspüren des Himmels über dir führt zu einem Offensein für den, der uns seinen Willen kundtun möchte. Vielleicht wirst du im längeren meditativen Stehen die Erfahrung machen, dass eine außerordentliche spirituelle Macht, eine Kraft der Seele, die uns aufrecht hält, durch deinen Körper fließt und jede Zelle kraftvoll macht.

Religiöser Bezug

„Sie sind gestürzt und gefallen; wir bleiben aufrecht und stehen." *(Psalm 20,9)*

„Wer also zu stehen meint, der gebe Acht, dass er nicht fällt." *(1. Korintherbrief 10,12)*

„Doch werdet ihr nicht kämpfen müssen. Tretet an, bleibt aber stehen, und seht zu, wie der Herr euch Rettung verschafft." *(2 Chronik 20,17a)*

3. Betrachtung

Wir sollten einige Möglichkeiten bedenken, die uns erwarten könnten, wenn widergöttliches Denken und Handeln zum Hauptinhalt unseres Lebens würde. Der Sinn besteht nicht darin, dich zu erschrecken, sondern dir eine größere Standfestigkeit im Guten zu ermöglichen. Die Basis, von der aus du dich zu Gott erhebst, muss fest gegründet sein.

Erster Schritt

Viele sind es, die Gott in Tagen des Glücks nicht folgen wollten. Viele sind es, die die erbarmende Liebe Gottes nicht erkennen oder die sich aus Oberflächlichkeit in Unwichtigem verlieren. In der Unermesslichkeit seiner unbegrenzten Güte wird Gott eher Hilfe gewähren als durch Härte schrecken. Viele Menschen sind jedoch nicht bereit, das Entgegenkommen Gottes wahrzunehmen oder seine Hilfe anzunehmen. Geschieht dies nicht, werden wir sie später dort gewaltsam suchen müssen, wo sie nicht zu finden ist.

Zweiter Schritt

Leiden durch Mangel am Wesentlichen: Wenn wir dessen beraubt sind, was wir eigentlich sein sollten – Kinder Gottes –, so bedeutet dies eventuell eine große Qual. Die Seele, die das Ebenbild Gottes in sich trägt, hat das tiefe Verlangen, Gott für immer schauen zu dürfen. Ist sie jedoch noch nicht geläutert und somit ihrem Endziel noch fern, brennt und leidet sie vor Sehnsucht. Zu wissen oder gar zu schauen, wie es sein könnte, und gleichzeitig feststellen zu müssen, dass noch kein Weg dorthin führt, löst für die Seele großen Schmerz aus. Ihr wird klar, dass sie von sich aus rein gar nichts tun kann und einzig und allein auf das Erbarmen und die Liebe Gottes angewiesen ist. Die Distanz der Seele zu Gott, dem Urgrund der Liebe, bedeutet für sie Leid.

Dritter Schritt

Es erhebt sich die Frage: Gibt es einen Ausschluss von Gott für immer? Gibt es wirklich einen Ort, zu dem die Seelen in Ewigkeit verdammt sind? Würden Leiden ewig andauern, wäre dies unerträglich und grausam. Der Gedanke und die Zusage jedoch, dass das Leiden einmal ein Ende haben wird, lässt es erträglicher erscheinen, denn alles, was auf eine bestimmte Zeit begrenzt ist, kann niemals so hart und unerträglich sein wie immerwährender körperlicher und seelischer Schmerz. Kann es wirklich widergöttliche Mächte bis in alle Ewigkeit geben oder findet am Ende doch Erlösung und Befreiung aller statt? Kann Gott, aus dem alles Sein hervorgeht, und der aus Liebe zu uns Menschen seinen Sohn zur Erlösung in die Welt sandte, uns für immer verstoßen?

Die Antworten auf diese offenen Fragen gibt die Heilige Schrift:
„Seid gewiss: Ich bin bei euch alle Tage bis zur Vollendung der Welt." *(Matthäus 28,20b)*
„Der Vater antwortete ihm: Mein Kind, du bist immer bei mir, und alles, was mein ist, ist auch dein. Aber jetzt müssen wir uns doch freuen und ein Fest feiern; denn dein Bruder war tot und lebt wieder; er war verloren und ist wiedergefunden worden." *(Lukas 15,31–32)*
„Jetzt wird Gericht gehalten über diese Welt; jetzt wird der Herrscher dieser Welt hinausgeworfen werden. Und ich, wenn ich über die Erde erhöht bin, werde alle zu mir ziehen." *(Johannes 12,31–32)*
„Euer Herz lasse sich nicht verwirren. Glaubt an Gott und glaubt an mich! Im Haus meines Vaters gibt es viele Wohnungen. Wenn es nicht so wäre, hätte ich euch dann gesagt: Ich gehe, um einen Platz für euch vorzubereiten? Wenn ich gegangen bin und einen Platz für euch vorbereitet habe, komme ich wieder und werde euch zu mir holen, damit auch ihr dort seid, wo ich bin." *(Johannes 14,1–3)*

Enthält dieser Betrachtungstext Worte,
die in dir etwas zum Schwingen bringen – Gedanken und
Gefühle? Kannst du ihnen glaubend zustimmen?

Sind gegenwärtig Aggressionen in dir erkennbar?
Gegen wen, gegen was richten sie sich?

Kennst du Sehnsucht nach einem geliebten Menschen,
den du lange Zeit nicht gesehen hast?

Welche Möglichkeit siehst du, negative Eindrücke
zu verringern oder gar zu vermeiden?

4. Stille und Gebet

Eine innere Stimme sagt dir: „Du bist die Herrlichkeit Gottes." Lass dieses dir zugesprochene Wort langsam in dir ausklingen. Sei offen, ohne deinen Gedanken oder deinen Gefühlen nachzugehen.

Wer mit dir, mein Herr und mein Gott,
auf dem königlichen Weg der Wahrheit und
des Lebens unterwegs ist,
leidet keine Not und ist fern jedem Abgrund.
Und wenn ich auch falle, so bist du es, Herr,
der mir die Hand zum Aufstehen und Weitergehen reicht.
Und falle ich wieder und wieder in alte und
schlechte Gewohnheiten,
so lässt du mich dennoch nicht zugrunde gehen.
Ich will mich aufrichten zu dir und dir Liebe schenken.

Die Dinge der Welt sollen keine Macht über mich haben.
Im Gebet der Hingabe will ich mich ihrer entledigen,
um ganz für dich, o Herr, da zu sein.
Ich fürchte mich nicht, mit dir zusammen
diesen geheimen Weg der Liebe zu gehen.
Gib mir die Kraft, meine Augen und meine Innerlichkeit
auf dich zu richten,
dass ich mich nicht in falscher Sicherheit dieser Welt wiege
und mich nicht ihren Gefahren und
wechselnden Meinungen aussetze.
Du mein Herr und mein Gott, du bist mein Vater,
der mich aus der Dunkelheit
in das wunderbare Licht führt.

5. Psalmen-Gebet
am Abend

Ich liebe den Herrn;
denn er hat mein lautes Flehen gehört
und sein Ohr mir zugeneigt
an dem Tag, als ich zu ihm rief.
Mich umfingen die Fesseln des Todes,
mich befielen die Ängste der Unterwelt,
mich trafen Bedrängnis und Kummer.

Da rief ich den Namen des Herrn an:
„Ach Herr, rette mein Leben!"
Der Herr ist gnädig und gerecht,
unser Gott ist barmherzig.
Der Herr behütet die schlichten Herzen;
ich war in Not und er brachte mir Hilfe.

Komm wieder zur Ruhe, mein Herz!
Denn der Herr hat dir Gutes getan.
Ja, du hast mein Leben dem Tod entrissen,
meine Tränen getrocknet,
meinen Fuß bewahrt vor dem Gleiten.
So gehe ich meinen Weg vor dem Herrn
im Land der Lebenden.

Psalm 116

Erste Woche Samstag
Das Ziel deines Lebensweges: unendlicher Friede deiner Seele in Gott

1. Gebet

Du Sonne der Gerechtigkeit,
Christus, vertreib in uns die Nacht,
dass mit dem Licht des neuen Tags
auch unser Herz sich neu erhellt.

Du schenkst uns diese Gnadenzeit,
gib auch ein reuevolles Herz
und führe auf den Weg zurück,
die deine Langmut irren sah.

Es kommt der Tag, dein Tag erscheint,
da alles neu in Blüte steht;
der Tag, der unsre Freude ist,
der Tag, der uns mit dir versöhnt.

Dir, höchster Gott, Dreifaltigkeit,
lobsinge alles, was da lebt.
Lass uns, durch deine Gnade neu,
dich preisen durch ein neues Lied.

Hymnus aus dem Stundenbuch

2. Übung
zur Leib- und Seelsorge „Sprenge Grenzen"

🗝 Setze dich und schließe die Augen. Spüre deinen Körper – von den Füßen beginnend, die fest ihren Stand auf der Erde haben. Komme über das Becken und die Wirbelsäule zu deinem Kopf.

🗝 Öffne in deiner Vorstellung das Scheiteldach und gehe über die Begrenzung deines Hauses hinaus. Steige auf und nimm die Landschaft unter dir wahr, dann das Land, in dem du dich befindest.

🗝 Deine Perspektive wird größer: Du siehst die einzelnen osteuropäischen Länder, die südlichen Länder, dann die westeuropäischen und nordeuropäischen.

🗝 Gehe über den Atlantik auf den nord- und südamerikanischen Kontinent, dann nach Afrika. Wende dich von Afrika Asien zu, dann Australien.

🗝 Du siehst das Meer zwischen den Kontinenten und erlebst die Erde als Kugel. Spüre die Bahn der Erde um die Sonne, den Mond, die Sterne und alle Planeten.

🗝 Stelle dir die Milchstraße vor, unsere Galaxie, dann komme über viele andere Galaxien zum gesamten Universum.

🗝 Rufe den Schöpfer an, der unsichtbar in und hinter seiner Schöpfung verborgen ist.

🗝 Komme dann nach einigen Minuten Stille zurück in deine Gegenwart.

Wirkung

Du nimmst dich als Teil der gesamten Schöpfung wahr. Da du deine eigenen Grenzen verlässt und alles aus einer höheren Perspektive siehst, stehen für diese Zeit deine Belange und Sorgen nicht mehr im Mittelpunkt. Kehrst du zu dir zurück, verfügst du über größeren Weit- und Über-Blick sowie die Fähigkeit, Engstirnigkeit und Verbohrtheit abzulegen. Du bist in der Lage, dein Leben anders anzugehen, nicht in allem Probleme zu sehen und wirkliche Probleme souverän zu lösen.

Religiöser Bezug

„Er verlieh mir untrügliche Kenntnis der Dinge, so dass ich den Aufbau des Weltalls und das Wirken der Elemente verstehe."
(Weisheit 7,17)

„Nun lobt den Herrn, den Gott des Weltalls, der Wunderbares auf der Erde vollbringt, der einen Menschen erhöht vom Mutterschoß an und an ihm handelt nach seinem Gefallen."
(Jesus Sirach 50,22)

„Er (der Sohn) ist der Abglanz seiner Herrlichkeit und das Abbild seines Wesens; er trägt das All durch sein machtvolles Wort."
(Hebräerbrief 1,3a)

3. Betrachtung

An diesem Tag betrachte die Herrlichkeit der kommenden Welt, die bereits in unserer Welt transparent wird. Der Inhalt der heutigen Betrachtung möchte dir Kraft geben, das Beste aus deinem Leben zu machen und dann mit deinem Schicksal zufrieden zu sein. Sie möchte dir inmitten deines Alltags Freude bereiten, dich von falschem Tun abhalten und dir berechtigte Hoffnung geben auf Frieden und Ruhe deiner Seele.

Gerate nicht in Verwirrung, wenn du vorübergehend körperliche oder seelische Schmerzen ertragen musst. Zweifle nicht an Gottes Gerechtigkeit, wenn du andere in dieser Welt glücklich siehst, während du leidest. Ertrage auf deinem Weg nicht zu umgehende Widerwärtigkeiten. Vergegenwärtige dir die frohe Botschaft Jesu, wenn du glaubst, diese Welt nicht mehr ertragen zu können oder dich ein dunkler Gedanke gefangen hält.

Die Betrachtung an diesem Samstag ist in fünf Schritte unterteilt:
1. Die Herrlichkeit des Reiches Gottes
2. Die Gemeinschaft der Heiligen
3. Die Anschauung Gottes
4. Die Verklärung des Leibes
5. Die Vollendung der Schöpfung

Erster Schritt: Die Herrlichkeit des Reiches Gottes

Wenn du bei Nacht zu den Sternen aufschaust und dir das gesamte Universum vorstellst, wirst du immer wieder staunen über das Ausmaß alles Geschaffenen. Welches Staunen und welche Bewunderung gebührt dann erst dem, der dies alles aus sich hervor-

gebracht hat! Sowohl die Schönheit des Kosmos als auch die Energie und Intelligenz, die ihn steuert, vermagst du nicht in Worten auszudrücken. Um wie viel wunderbarer und herrlicher mag dann erst das Reich Gottes erscheinen, das unseren Augen noch verborgen ist!
Warum suchst du es draußen in eitlen und ungesunden Dingen statt in dir selbst? Das Reich Gottes und seine Herrlichkeit sind bereits in uns *(vgl. Lukas 17,21)*, doch viele Menschen ignorieren es und klammern sich an die äußere vergängliche Welt. Wir haben die außerordentliche Fähigkeit bekommen, die Existenz und Schönheit des Reiches Gottes bedingt in dieser Welt wahrzunehmen. Unsere Seele, die auf die Ewigkeit hin erschaffen ist, kann Momente des Ewigen erfassen.

Zweiter Schritt: Die Gemeinschaft der Heiligen

Sooft dich die Vergänglichkeit und die Schmerzen dieser Welt bedrücken, sooft du ein Tal der Tränen durchschreiten musst, versetze dich im Geist in die Gemeinschaft der Heiligen und beginne zu sein, was du in Zukunft sein wirst. Sieh in der Betrachtung des himmlischen Reiches deinen Trost, vergiss dabei die dich quälende Schwere, das heißt, vergiss dabei dich selbst.

Wenn doch nur viele Menschen diesem Rat folgen würden: unermessliches Staunen würde über sie kommen und unerwartetes Heil würde sich ihnen schenken. Alle Kräfte des Himmels möchten uns unterstützen und uns anheben: die Kreise der Engel, die große Zahl der Heiligen, die Apostel und die Propheten – alle, die in die Welt des Guten und des Lichtes aufgenommen sind.

Dritter Schritt: Die Anschauung Gottes

Immer bist du eingeladen, dich deinem Schöpfer zuzuwenden, dem Höchsten. Bist du durch Betrachtung und inneres Gebet darin geübt, wird deine Seele große Fortschritte machen. Sie wird aufmerken und die unendliche Freude jenes höchsten Gutes wahrnehmen, das die

Freude und das Licht aller Güter in sich enthält. Dem Verstand ist jeder Irrtum genommen, dem Verlangen jeder Schmerz. Auf diesem Weg, der die Anschauung Gottes zum Ziel hat, waltet wunderbare Milde, vollendete Wonne und ewige Sicherheit.

Was wir hier auf Erden von der Wahrheit erkennen, ist nur ein geringer Teil von dem, was wir wissen werden. Du wirst schauen und Überfluss haben und dein Herz wird staunen und weit werden *(vgl. Jesaja 60,5)*. Du wirst dich selbst schauen; du wirst erfahren, wie und wer du bist, und wirst in der vollkommenen Betrachtung Einblick haben in alles Geschaffene. Alles werden wir erkennen, was in den Geschöpfen möglich ist, wenn wir zu dem erhabenen Licht des Vaters aller Lichter gelangt sind.

Vierter Schritt: Die Verklärung des Leibes

Da wir als Individuen in der kommenden Welt weiterleben werden, ist es sehr wahrscheinlich, dass wir auch dort einen Körper unser Eigen nennen dürfen. Er wird – seiner neuen Umgebung angepasst – feinstofflich sein, in der Bewegung so schnell wie ein Lichtstrahl, klar wie Kristall und unfähig zu leiden.

„Die Verständigen werden strahlen, wie der Himmel strahlt; und die Männer, die viele zum rechten Tun geführt haben, werden immer und ewig wie die Sterne leuchten. Du, Daniel, halte diese Worte geheim und versiegle das Buch bis zur Zeit des Endes!" *(Daniel 12,3–4a)*

Wenn schon die Sonne unsere Welt mit ihrem Glanz erfreut und erleuchtet – welche Strahlkraft wird dann erst von denjenigen ausgehen, die im Licht des Vaters erscheinen!

Fünfter Schritt: Die Vollendung der Schöpfung

Worte vermögen die Herrlichkeit nicht auszudrücken, die von allem Geschaffenen in der Vollendung ausgeht. Nur einen Bruchteil können wir uns vorstellen:

- Licht ohne Schatten
- Freiheit ohne Zwang
- Gesundheit ohne Schwäche
- Schönheit ohne Hässlichkeit
- Unsterblichkeit ohne Vergänglichkeit
- Überfluss ohne Mangel
- Ruhe ohne Störung
- Sicherheit ohne Furcht
- Weisheit ohne Irrtum und Fehler
- Freude ohne Trauer
- Ehre ohne Widerspruch
- Lob ohne Tadel

Die ewige Erfüllung in der Vollendung ist das Endziel jeglicher Bewegung. Hier wird die Sehnsucht unserer Seele zur Ruhe kommen. Einmal wird auch für dich dieser Tag da sein, an dem du alle Sterblichkeit überwunden hast und du ganz und gar vom höchsten Gut durchdrungen bist – von der Liebe Gottes.

Gott wartet darauf, Gutes für dich zu tun –
Kannst du das annehmen und darauf vertrauen?

Gibt es einen Menschen oder Heiligen, der durch
sein Leben oder seine Schriften dir zum Vorbild wurde?

Ist dir heute noch ein Staunen möglich – wie du es
vielleicht als Kind bei besonderen Ereignissen erfahren hast?

4. Stille und Gebet

Solltest du heute ein wenig mehr Zeit zur Verfügung haben, dann wiederhole noch einmal die wichtige Übung zur Leib- und Seelsorge. Nimm am Ende, wenn du wieder in deiner Gegenwart angekommen bist, das Wort aus dem Hebräerbrief auf: „Er trägt das All durch sein machtvolles Wort." Nimm einige Minuten wahr, was die Übung und dieses Wort in dir auslösen.

Herr, unser Gott, wir danken dir
für deine unendliche Güte.

Du wandelst unser Leben auf Erden bereits in Glück.
Du, unser Gott, bist die Herrlichkeit
und besitzt ewiges Leben.

Wie wunderbar bist du und unaussprechlich.
Bei dir finden wir Ruhe und unendlichen Frieden.

Du bist in unserer Seele zugegen
und verlässt sie nicht.

Du wandelst unsere Armut und machst uns reich
an himmlischen und geistlichen Gütern.

5. Psalmen-Gebet
am Abend

Der Herr führt mich hinaus ins Weite,
er befreit mich, denn er hat an mir Gefallen.
Du, Herr, lässt meine Leuchte erstrahlen,
mein Gott macht meine Finsternis hell.

Mit dir erstürme ich Wälle,
mit meinem Gott überspringe ich Mauern.
Vollkommen ist Gottes Weg,
das Wort des Herrn ist im Feuer geläutert.

Ein Schild ist er für alle, die sich bei ihm bergen.
Denn wer ist Gott als allein der Herr,
wer ist ein Fels, wenn nicht unser Gott?

Gott hat mich mit Kraft umgürtet,
er führte mich auf einen Weg ohne Hindernis.
Du gabst mir deine Hilfe zum Schild,
deine Rechte stützt mich;
du neigst dich mir zu und machst mich groß.

Du schaffst meinen Schritten weiten Raum.
Es lebt der Herr! Er sei gepriesen.
Der Gott meines Heils sei hoch erhoben.

Psalm 18,20.29–33.36–37.47

Erste Woche Sonntag
Gnadengaben Gottes sind unverdiente Geschenke

1. Gebet

Allmächt'ger Schöpfer, Herr und Gott,
der aller Dinge Ursprung ist,
du hast die weite Welt erfüllt
mit deiner Gaben Überfluss.

Und da das große Werk vollbracht,
hast du geruht am siebten Tag
und hast geboten, dass auch wir
ausruhn von unsrer Arbeit Last.

Herr, mach uns offen für dein Wort
und wende unsern Geist zu dir;
hol uns in deinen Frieden heim;
gib uns die Freude deines Heils.

Dies schenk uns, Vater voller Macht,
und du, sein Sohn und Ebenbild,
die ihr in Einheit mit dem Geist
die Schöpfung zur Vollendung führt. Amen.

Hymnus aus dem Stundenbuch

2. Übung
zur Leib- und Seelsorge „Atme Ruhe"

🗝 Im Liegen kannst du dich für diese Übung am besten entspannen.

🗝 Lege dich auf den Rücken. Die Arme liegen am Körper, die Handinnenflächen sind nach unten gerichtet.

🗝 Spüre von den Füßen aufwärts, an welchen Stellen dein Körper die Unterlage oder den Boden berührt: die Fersen, die Waden, das Gesäß, der Rücken, der Schultergürtel, die Arme und Hände, der Hinterkopf.

🗝 Nimm – wiederum bei den Füßen beginnend – Kontakt zum Boden auf und nimm bewusst wahr, dass die Erde dich trägt.

🗝 Schließe die Augen und führe den Einatem tiefer in dich hinein. Spüre, wie beim Ausatmen die Bauchdecke sich senkt und sich beim Einatmen hebt.

🗝 Sprich beim Einatmen die Silbe „Ru-" und beim Ausatmen die Silbe „-he" laut aus.

🗝 Wiederhole diesen Atemrhythmus einige Male und werde leiser, bis du das Wort „Ru-he" nicht mehr aussprichst, sondern nur noch das Wort mit dem Atem innerlich wiederholst.

🗝 Wenn dir nach einigen Minuten schwindelig wird, beende sofort die Übung – sonst erst nach fünf bis acht Minuten.

Wirkung

Du lernst, dich vertrauend loszulassen, indem du Kontakt mit dem Boden aufnimmst, der dich trägt. Du gibst alle Anspannung an den Boden ab oder legst sie in den Ausatem. Das Wort „Ru-he" erinnert dich daran, dass du nichts leisten musst, sondern genießen darfst. Die Spannung in deinen Muskeln wie auch in deinem Nervensystem harmonisiert sich. Du machst die wichtige Erfahrung, im eigenen Grund zu ruhen und aus dem eigenen Grund heraus zu agieren.

Religiöser Bezug

„Nur in Umkehr und Ruhe liegt eure Rettung, nur Stille und Vertrauen verleihen euch Kraft."
(Jesaja 30,15)

„Kommt alle zu mir, die ihr euch plagt und schwere Lasten zu tragen habt. Ich werde euch Ruhe verschaffen."
(Matthäus 11,28)

„Denn wer in das Land seiner Ruhe gekommen ist, der ruht auch selbst von seinen Werken aus, wie Gott von den seinigen."
(Hebräerbrief 4,10)

3. Betrachtung

Betrachte an diesem Tag all das, was du nicht aus eigener Leistung hervorgebracht hast. Betrachte die Gaben, die dir unverdienterweise als Geschenke des Himmels zugekommen sind und zukommen:
1. Die Existenz deines körperlichen, geistigen und seelischen Lebens
2. Die Erhaltung und die Sorge für dein Leben
3. Das Angebot der Erlösung und Befreiung durch Jesus Christus
4. Die Zeichen auf deinem Weg
5. Die Liebeszuwendungen des Schöpfers, die nur dir allein zufließen

Erster Schritt: Die Existenz deines körperlichen, geistigen und seelischen Lebens

Der Schöpfer hat dich ins Leben gerufen und dich mit vielen Fähigkeiten und Gaben ausgerüstet. Er gab dir große Chancen der Bewährung mit auf den Weg. Im Urstand bildeten Körper, Geist und Seele eine Einheit. Selbst dann, wenn du durch falsche Entscheidungen diese Einheit gestört hast, verleiht er dir immer neu seine Harmonie und Einheit stiftende Gnade.

Betrachte dankbar deinen Körper, der dich bis hierher getragen hat: sein wunderbares Funktionieren von Kopf bis Fuß, die Arbeit der inneren Organe, seine Bewegungen und das Wahrnehmen durch die Sinne.
Betrachte dankbar deinen Geist: dein Denken und Verstehen, deine Konzentration und dein Gedächtnis, deinen Willen, deine Sprache und viele weitere ausgezeichnete Eigenschaften und Kräfte.
Und dann erst einmal deine Seele … Mit ihr gab dir der Schöpfer alles zugleich. Deine Seele besitzt im höchsten Grad die Fähigkeit zur

Vollkommenheit. Gott, der Vater, der dich mit einem solchen Geschenk begabte, hat dir damit alles auf einmal gegeben.

Zweiter Schritt: Die Erhaltung und die Sorge für dein Leben

Dir zur Freude und um dein Leben zu erhalten, stellt Gott dir die gesamte Schöpfung zur Verfügung: die Erde, die dich trägt, dich ernährt und von der du ein Teil bist, die Luft und die Vögel, die Meere und die Fische, die übrigen Tiere und die Pflanzen und sogar die Engel, die dich beschützen. Die tägliche Ernährung und die frische Grünkraft versetzen dich in die Lage, dein Leben gesund zu erhalten. Betrachte die angenehmen Seiten deines Lebens, die du genießt, und bedenke, dass alles Gaben Gottes sind.
Viele Menschen müssen oft ihr Leben lang körperliche Schmerzen und seelische Leiden ertragen. Mach dir dieses bewusst und sei unendlich dankbar, wenn du in deiner jetzigen Lebensphase frei davon bist. Sei dem dankbar, der dich erhält und dir nur das zumutet, was du tragen kannst.

Dritter Schritt: Das Angebot der Erlösung und Befreiung durch Jesus Christus

Gott ist Mensch geworden in Jesus Christus, um uns den Weg zu bereiten, um die Lebenslast mit uns zu teilen und um uns mit Gott, unserem Vater, zu verbinden. Bis in das schwerste Leiden hinein, das er selbst auf sich genommen hat, kommt uns Gott in seinem Sohn entgegen. Er möchte uns da begegnen und stärken, wo wir gerade stehen – am Wendepunkt unseres Lebens, in der Routine des Alltags, in schwerem Leid. Er möchte aber auch die Freude und Heiterkeit mit uns teilen und uns Hoffnung geben, wenn Freude und Heiterkeit wieder schwinden.

Das Leid in dieser Welt ist und bleibt ein großes Geheimnis, welches wir vorerst nur selten einsehen können.

„Der Menschensohn ist gekommen, um zu suchen und zu retten, was verloren ist." *(Lukas 19,10)*
Betrachtest du dein Leben, wird dir vieles aufgehen, an dem du die unschätzbare Liebe Gottes offenkundig erkennst. Er hat dich vor Leid bewahrt – und als du sündigtest, hat er dich nicht von sich gewiesen. Er hat dich aus vielen Gefahren befreit. Als du falsche Wege gingst, führte er dich zurück. Als du unwissend warst, belehrte er dich. Als du der Verzweiflung nahe warst, stärkte er dich. Als du zu Boden fielst, richtete er dich auf. Er gab dir die Kraft, auszuhalten und wieder neu zu beginnen.

Vierter Schritt: Die Zeichen auf deinem Weg

Denke an die Menschen, die den Glauben in dir weckten. Vielleicht waren es deine Eltern, deine Lehrer, Freunde oder gar Fremde, die durch ihr Glaubenszeugnis dir Vorbild waren. Vielleicht bist du aus einer gefährlichen Lebenssituation gerettet worden oder du hast durch eine übergroße Freude und aus Dankbarkeit eine tiefe Verbindung zum Schöpfer aufgenommen.
Siehst du die vielen Zeichen auf deinem Lebensweg, die dich vor Fehlentscheidungen bewahren und dich zu geistig-seelischem Fortschritt ermutigen wollen? Hat nicht der unendlich gute Gott immer wieder auf dich gewartet und den Faden deines Lebens – wenn er zu zerreißen drohte – neu geknüpft? Wie oft hat er dich aus der Dunkelheit in sein wunderbares Licht gerufen und dir deine Augen geöffnet? Er bewahrte dich vor Unheil und verlieh dir die Kraft, nicht mehr in alte Fehler oder schlechte Gewohnheiten zurückzufallen. Seine liebende Fürsorge – wir können sie Engel nennen – lässt uns den rechten Weg gehen, der weder zu abschüssig noch zu steil sein darf.

Fünfter Schritt: Die Liebeszuwendung des Schöpfers, die nur dir allein zufließt

Dir strömen weitere Gnaden zu, die so geheim und verborgen sind, dass sie dir vorerst nicht bekannt werden. Sie sind nur dem bekannt, der sie dir verleiht.

Hättest du es nicht oftmals verdient, als du überheblich, undankbar oder träge warst, dass dir der Schöpfer seine Liebe entzieht? Doch er tat es nicht, sondern sah dir langmütig und geduldig zu.

Wie viel Gutes geschieht dir, ohne dass du Kenntnis davon nimmst? Vieles, was der Schöpfer dir – und nur dir allein – zuströmen lässt, nimmst du nicht einmal wahr.

Ihm, der dein Leben beschützt und dich vor und in Gefahren rettet, ihm, der unendlich gut zu dir ist, gebührt großer Dank. Diesen Dank kannst du auf verschiedene Weise ausdrücken: durch dein Gebet, durch Geduld anderen gegenüber, durch Freude, die ansteckend ist, durch deine Arbeit, durch Hinwendung zu schwachen und kranken Menschen, durch Hilfsbereitschaft und Liebe.

Nimmst du an einem Gottesdienst teil oder gestaltest du ihn aus dir heraus selbst?

Wie sieht dein Zur-Ruhe-Kommen aus?

Glaubst du an die liebende und wandelnde Kraft Gottes? Wodurch kommt dies in deinem Leben zum Ausdruck?

Erfährst du auf deinem Glaubensweg als praktizierender Christ oder praktizierende Christin Unterstützung und Bejahung durch andere? Wenn du diese nicht bekommst: Woran mag das liegen?

Was wünschst du dir für die kommende Woche?

4. Stille und Gebet

Möge das Wort „Ru-he" – im Ein- und Ausatemrhythmus gesprochen – dich noch einmal daran erinnern, dass du besonders an diesem Tag nichts leisten musst. Versuche dir den Tag nach deinen Wünschen einzurichten und ihn zu genießen.

Sei gepriesen, Herr, du mein Gott!
Du wandelst in mir Dunkelheit in Licht.
Aus dem getrübten Wasser meiner Seele
machst du, o Herr, eine sprudelnde Quelle.

Du spendest in Fülle und lässt sie überfließen,
damit auch der Durst anderer gestillt werde.
Lob sei dir, Herr, du mein Gott!

5. Psalmen-Gebet
am Abend

Danket dem Herrn, denn er ist gütig,
denn seine Huld währt ewig.
In der Bedrängnis rief ich zum Herrn;
der Herr hat mich erhört und mich frei gemacht.
Der Herr ist bei mir, ich fürchte mich nicht.
Was können Menschen mir antun?
Der Herr ist bei mir, er ist mein Helfer.
Meine Stärke und mein Lied ist der Herr;
er ist für mich zum Retter geworden.
Ich werde nicht sterben, sondern leben,
um die Taten des Herrn zu verkünden.
Ich danke dir, dass du mich erhört hast;
du bist für mich zum Retter geworden.

Dies ist der Tag, den der Herr gemacht hat;
wir wollen jubeln und uns an ihm freuen.

Psalm 118,1.5–7.14.17.21.24

Zweite Woche
Exerzitien im Alltag

In dieser Woche findest du sieben
Betrachtungen über das Leben,
das Leiden, den Tod und
die Auferstehung Jesu Christi.
Sie möchten wesentlich dazu beitragen,
dein Herz weit zu machen, dich auf Gott
auszurichten und deinen Glauben zu vertiefen.
Christus lässt uns an seinem Gebet
der Hingabe teilnehmen.

Beginne jede Betrachtung mit „Im Namen
des Vaters und des Sohnes und
des Heiligen Geistes. Amen"
und mache ein Kreuzzeichen.

Hinführung
zur zweiten Woche

Die Betrachtungstexte dieser Woche haben das Leben, das Leiden und die Auferstehung Jesu Christi zum Inhalt. Jede Betrachtung solltest du wiederum unter sieben Gesichtspunkten sehen:

1. Gott, der unendlich gute und barmherzige Vater, sandte seinen Sohn in die Welt, um uns aufzurichten und zu erlösen. Dieses liebende Entgegenkommen Gottes in menschlicher Gestalt gibt es in keiner Weltreligion, außer im Christentum.
2. Bittere körperliche und seelische Schmerzen hielten Christus nicht davon ab, bis in die Passion und in den Tod am Kreuz zu gehen, um uns im Leid und im Tod nahe zu sein.
3. Unsere Verfehlungen und Sünden stehen im Gegensatz zur Liebe des Erlösers. Sie verursachen Störungen in der gesamten Schöpfung.
4. Obgleich wir oftmals das Liebesangebot des Schöpfers durch unser Verhalten ausschlagen, wendet er sich in seiner übergroßen Barmherzigkeit uns immer wieder erneut zu. Haben wir da nicht Grund, dankbar zu sein?

5. Die Liebe Gottes zu seiner Schöpfung ist grenzenlos. „Die Sehnsucht Gottes ist der Mensch" (Augustinus) – er möchte, seine Liebe an alle verschenken. Wie groß ist deine Gegenliebe?
6. Die Liebe Gottes zu uns ist ein Mysterium. Er möchte, dass wir uns suchend und staunend auf den Weg zu diesem Geheimnis machen, das er uns nach und nach offenbart.
7. Der Weg führt über Jesus Christus, der selbst der Weg, die Wahrheit und das Leben ist. Sein Leben und seine Lehre sind für uns richtungweisend. Die tiefe Betrachtung ist bereits der Beginn des Weges, Christus nachzufolgen.

In diesen Betrachtungen ist im Gegensatz zu den Exerzitien der ersten Woche nicht mehr ein Nachdenken über uns selbst gefragt, sondern lediglich ein Erspüren und Einfühlen. Es geht hier weniger um unsere Leistung als um ein Geschehenlassen und Wahrnehmen. Vielleicht spüren wir beim Loslassen unserer eigenen Lebensentwürfe und unseres Willens etwas von der grenzenlosen Liebe, die uns durch Christus berühren und wandeln möchte. Diese seine unendliche Liebe zu uns Menschen endet nicht einmal im Angesicht seines Todes am Kreuz. Wie eng erscheint dagegen unsere Liebesfähigkeit, die oft erlischt oder in ihr Gegenteil umschlägt, wenn wir Schmerzen zu ertragen haben oder durch andere verletzt werden. Dadurch wird der Einklang in dir zwischen Körper, Geist und Seele gestört – ebenso deine zwischenmenschlichen Beziehungen und vor allem deine Verbundenheit mit dem Schöpfer selbst.

Geht nicht vom Leben Jesu, von seinem Leiden, seinem Tod am Kreuz und von seiner Auferstehung eine unendlich große Liebe aus, die er der ganzen Welt und allen Geschöpfen offenbart? Gott, unser Schöpfer und Vater, hat aus den unendlichen Möglichkeiten eine uns angemessene ausgewählt, um uns zu erlösen: Er ist in Jesus Christus Mensch geworden, in allem uns gleich, außer in der Sünde. Dieses Entgegenkommen Gottes geschieht aus Liebe zu seiner Schöpfung. Er möchte heilen, was verwundet ist, das geknickte Rohr wieder aufrichten und uns den geradlinigen Weg weisen. Er möchte uns seine Gnade schenken und uns befähigen, auch die unabwendbar dunklen

Abschnitte unseres Lebens zu bestehen. Selbst wenn wir nicht in der Lage sind, ihm nachzufolgen oder ihm gleich zu werden, so hat doch bereits die Betrachtung des Lebens Jesu eine außerordentlich heilsame Wirkung auf uns.

Erinnere dich an schwere Zeiten, die du in deinem Leben durchmachen musstest: körperliche und seelische Belastungen, Krankheiten, Einsamkeit, Schicksalsschläge, Misserfolge im Beruf, bittere Folgen einer Fehlentscheidung, Verleumdungen und Lügen, die über dich verbreitet wurden, existenzbedrohende psychische Krisen …

Frage dich: Hat dich in diesen Zeiten dein Glaube getragen, hat er dir geholfen, mit dir selbst und der Situation fertig zu werden? Konntest du dich einfühlen in das Leben und Leiden Jesu Christi? Ist er dir zum Freund und Begleiter geworden? Hast du gespürt, dass er dir gerade in Krisen und Bedrängnissen nahe war?

Scheue dich nicht, diese Fragen mit Nein zu beantworten, wenn es der Wahrheit entspricht. Fühle dich deswegen nicht ungeliebt oder verstoßen. Nimm dir Zeit und schenke sie dem Schöpfer mit der Bitte, er möge dein Inneres bewegen. Halte auch dann mit diesem Gebet der Hingabe durch, wenn du vorerst keine innere Bewegung wahrnimmst oder keine Liebe zum Schöpfer spürst. Unglaubliches wird glaubhaft und Unmögliches möglich. Selbst wenn du vieles nicht einsehen und glauben kannst, wenn du vieles nicht erfahren kannst, so wird doch Wunderbares mit dir geschehen – vorausgesetzt, du hast Geduld und öffnest dich. Du darfst sicher sein: Die Liebe Gottes hat dich längst ergriffen, bevor du sie überhaupt wahrnimmst.

Zweite Woche Montag
Die Fußwaschung und die Einsetzung des Sakramentes der Liebe

1. Gebet

Komm Heiliger Geist, der Leben schafft,
erfülle uns mit deiner Kraft.
Dein Schöpferwort rief uns zum Sein:
Nun hauch uns Gottes Odem ein.

Komm, Tröster, der die Herzen lenkt,
du Beistand, den der Vater schenkt;
aus dir strömt Leben, Licht und Glut,
du gibst uns Schwachen Kraft und Mut.

Dich sendet Gottes Allmacht aus
im Feuer und in Sturmes Braus;
du öffnest uns den stummen Mund
und machst der Welt die Wahrheit kund.

Entflamme Sinne und Gemüt,
dass Liebe unser Herz durchglüht
und unser schwaches Fleisch und Blut
in deiner Kraft das Gute tut.

Die Macht des Bösen banne weit,
schenk deinen Frieden allezeit.
Erhalte uns auf rechter Bahn,
dass Unheil uns nicht schaden kann.

Lass gläubig uns den Vater seh'n,
sein Ebenbild, den Sohn, versteh'n
und dir vertrau'n, der uns durchdringt
und uns das Leben Gottes bringt.

Den Vater auf dem ew'gen Thron
und seinen auferstand'nen Sohn,
dich, Odem Gottes, Heil'ger Geist,
auf ewig Erd' und Himmel preist. Amen.

„Veni Creator Spiritus", Kempten um 1000

2. Übung
zur Leib- und Seelsorge
„Beuge dich, ohne zu zerbrechen"

Bestimme deinen Standort. Stelle die Füße in Schulterbreite auseinander und nimm Kontakt zum Boden auf.

Lass den Kopf locker nach vorn hängen, so dass dein Kinn die Brust berührt.

Achte darauf, deine Knie nicht zu versteifen.

Lass nun deine Arme locker nach vorn hängen und spüre durch sie die Erdanziehung.

Beuge langsam deinen Oberkörper nach vorn. Mach dabei einen runden Rücken.

Versuche in dieser Haltung deine Atmung im Rücken zu spüren.

Gehe noch einmal in deine Arme, lockere sie, so dass sie nicht wie Stöcke herabhängen.

Nimm im Ausatmen erneut die Erdenschwere wahr.

Gehe nach zwei bis drei Minuten langsam in die Ausgangsstellung zurück.

Lege dich nach dieser Übung unbedingt etwas hin und ruhe dich aus.

Wirkung

Neben dem häufigen Aufrichten und Gerade-Sein tut es deinem Rücken hin und wieder ebenfalls gut, nicht nur flach auf dem Boden zu liegen, sondern sich auch zu beugen. Es gibt manche Lebenssituation, die du nur bewältigen kannst, wenn du sie annimmst und dich ihr beugst. Denke an das Schilfrohr, das sich biegt ohne zu brechen. Du wirst beim erneuten Aufrichten eine Erweiterung in deinem Brustraum spüren, die ein Gefühl von Freisein hinterlässt.

Religiöser Bezug

„Kommt, lasst uns niederfallen, uns vor ihm verneigen, lasst uns niederknien vor dem Herrn, unserm Schöpfer!"
(Psalm 95,6)

„Herr, ich weiß, dass deine Entscheide gerecht sind; du hast mich gebeugt, weil du treu für mich sorgst."
(Psalm 119,75)

3. Betrachtung

Erster Schritt

Die Stunde Jesu ist bereits gekommen, als er seinen Jüngern die Füße wäscht und anschließend das Abschiedsmahl mit ihnen einnimmt. Die „Stunde Jesu" bedeutet das Hinübergehen aus dieser Welt zum Vater und „Liebe bis zum Ende". Diese für Jesus so entscheidende Stunde schließt seinen Tod am Kreuz und seine Auferstehung ein. Als Zeichen höchster Freiheit tut Jesus den niedrigsten Dienst an seinen Jüngern, indem er ihnen die Füße wäscht. In diesem Liebesdienst kommt sein totales Engagement für uns Menschen, seine letzte Hingabe und sein Lebenseinsatz bis zum Tod zum Ausdruck.

Zweiter Schritt

Fühle dich bei der Fußwaschung in das Geschehen ein und versuche, den tieferen Sinn zu ergründen. Frage dich nach dem Symbolcharakter dieser Handlung. Gibt es auch in deinem Leben ein totales Engagement?

Jesus macht in der Fußwaschung seine Hingabe an die Menschen kraft seiner Liebe anschaulich und wirksam. Diese liebende Hingabe bis zum Tod am Kreuz und darüber hinaus ist die größte und herrlichste Tat seiner Erlösung. Die Jünger verstanden im Abendmahlssaal die Erniedrigung ihres Meisters noch nicht, der ihnen ein Beispiel demütigen Dienens geben wollte. Erst später gingen ihnen die Augen auf. Sie erkannten aus dem Tun ihres Meisters und Herrn, dass auch sie die Verpflichtung zu ähnlichen Diensten haben.
Ein totales Engagement wird nur derjenige dauerhaft aufrecht erhalten können, der wie Jesus Christus in Freiheit und Souveränität handelt. Der Grund dieser Freiheit liegt in der Verbundenheit mit Gott, dem Vater. Er ist die Quelle unerschöpflicher, alles vermögender Kraft.

Diese Kraft, die dem Betrachter von außen her unbegreiflich und sinnlos scheinen mag, führt in eine andere, geheimnisvolle Dimension, in der einzig und allein Liebe waltet.

Dritter Schritt:
Die Einsetzung des Sakramentes der Liebe

Wenn Jesus im Abendmahlssaal vom Blut des Neuen Bundes spricht, so sind dies Worte, die das Ende aller Herrschaft von Menschen über Menschen im Namen Gottes bedeuten. Friede wird im Herzen eines jeden Menschen sein, und niemand wird gehindert, wenn er sich auf den geistlichen Weg begibt – auf die Suche nach Gott.
Im Tod Jesu wird sein Leib hingegeben und sein Blut vergossen. Seine Heilstat und seine Heilsgabe sind gegenwärtig, wenn wir das Gedächtnismahl feiern. Brot und Wein sind zu Leib und Blut Christi geworden. Diese Gaben liebender Hingabe werden allen gereicht, die danach verlangen, damit sie immer neu und immer tiefer die geistliche Verbundenheit mit Gott erfahren. Jesus schenkt im Sakrament der Liebe Anteil an sich selbst, wie es inniger nicht denkbar ist. „Ich bin das Brot", „ich bin der Wein" – sind Worte, die auf einen tiefen verborgenen Sinn deuten, auf Bleibendes, auf Ewiges, für das es keine Worte gibt.

Vierter Schritt

Im Wortgottesdienst führt die Betrachtung zum inneren Gebet. Das innere Gebet führt zum Schweigen, in das hinein sich das Mahl der Liebe, die Eucharistie, schenkt. Dieses Sakrament der Liebe ist der Schlüssel zu verborgenen Räumen unserer Sehnsucht.
Bereite dich und empfange das Brot des Lebens und den Kelch des Heiles. Du wirst das gegenwärtige Leben – wenn es schwer für dich geworden ist – besser ertragen und durchhalten können. Du wirst eine noch größere Freude an deinem Leben gewinnen, da

durch dich das Licht des Jenseitigen bereits in dieser Welt transparent wird.

Jesus Christus, vor aller Ewigkeit auserwählt und vom Vater gesegnet, wurde durch den Tod am Kreuz gebrochen und als Brot der Welt hingegeben. Wenn wir in der Eucharistiefeier das Brot nehmen, es segnen, es brechen und es mit den Worten „der Leib Christi" mit anderen teilen, beten wir darum, dass der Wille Gottes an uns geschehe und wir unser Leben mit der Lehre Christi in Einklang bringen.

Für was und für wen bist du bereit,
dich bis zum Äußersten zu engagieren?

Wo musst du bei dir ansetzen,
um noch freier und souveräner zu handeln?

Was kannst du dazu beitragen,
der Herrschaft von Menschen über Menschen
ein Ende zu setzen?

Kannst du die Aussage, dass es in deiner eigenen Tiefe
eine Quelle des Lebens gibt, durch eine Erfahrung
der letzten Zeit bestätigen?

4. Stille und Gebet

Jesus antwortete der Samariterin: „Wer von diesem Wasser trinkt, wird wieder Durst bekommen; wer aber von dem Wasser trinkt, das ich ihm geben werde, wird niemals mehr Durst haben; vielmehr wird das Wasser, das ich ihm gebe, in ihm zur sprudelnden Quelle werden, deren Wasser ewiges Leben schenkt." *(Johannes 4,13–14)*

Sei dir bewusst, dass auch du – auf verschiedene Weisen – Zugang zu dieser Quelle ewigen Lebens hast. Schließe die Augen, schweige einige Minuten und lass deine aufkommenden Gedanken und Gefühle unbeachtet an dir vorüberziehen wie Wolken vor der Sonne.

Herr, unser Gott, du bist mehr als die unendliche Güte.
Alle Heerscharen brennen in Liebe vor dir.
Führe auch die Menschen auf den geistlichen Weg,
die dir gegenüber blind und undankbar sind.
Wende dich denen zu, die sich von dir abgewandt haben.
Wende dich denen zu, die den Verlockungen dieser Welt
erliegen und die Quelle des lebendigen Wassers
verlassen haben.

5. Psalmen-Gebet
am Abend

Wie der Hirsch lechzt nach frischem Wasser,
so lechzt meine Seele, Gott, nach dir.
Meine Seele dürstet nach Gott, dem lebendigen Gott.
Wann darf ich kommen und Gottes Antlitz schauen?
Meine Seele, warum bist du betrübt
und bist so unruhig in mir?
Harre auf Gott; denn ich werde ihm noch danken,
meinem Gott und Retter, auf den ich schaue.

Sende dein Licht und deine Wahrheit,
damit sie mich leiten;
sie sollen mich führen zu deiner Wohnung.
So will ich zum Altar Gottes treten,
zum Gott meiner Freude.
Meine Seele, warum bist du betrübt
und bist so unruhig in mir?
Harre auf Gott; denn ich werde ihm noch danken,
meinem Gott und Retter, auf den ich schaue.

Psalm 42,2–3.6 und Psalm 43,3–5

Zweite Woche Dienstag
Das Gebet Jesu im Garten Getsemani und seine Gefangennahme

1. Gebet

Gott, gib, dass ich keines Menschen Feind,
aber der Freund alles Ewigen und Bleibenden sei.

Dass ich nie Schlechtes gegen jemanden ersinne,
und wenn es mir doch geschieht, so soll ich
verschont werden, ohne den zu verletzen,
der mir solches tun wollte.

Dass ich nur das Gute liebe, suche und erlange.
Dass ich das Glück aller Menschen wünsche
und niemanden beneide.

Dass ich niemals darauf warte,
andere gescholten zu sehen,
wenn ich etwas Schlechtes gesagt oder getan habe,
sondern immer mich selbst tadele, bis ich mich bessere.

Dass ich nie einen Sieg davontrage,
der mir oder meinem Gegner wehtut.
Dass ich Freunde, die einander zürnen, wieder versöhne.
Dass ich nach meinen ganzen Kräften
allen Hilfe leiste, die sie brauchen.

Dass ich nie einen Freund in Gefahr aufgebe.
Dass ich mich selbst achte.
Dass ich immer alles das zügele, was in mir wüten kann.

Dass ich nie darüber spreche, wer böse ist
oder wer Böses getan hat,
sondern gute Menschen suche
und ihren Fußstapfen folge.

Eusebius, 4. Jahrhundert

2. Übung
zur Leib- und Seelsorge
„Ziehe Kraft aus der Stille"

🗝 Versuche, dich mindestens einmal wöchentlich für einige Stunden zurückzuziehen.

🗝 Unterbreche bewusst die Routine des Alltags.

🗝 Wähle einen Ort, an dem du dich wohlfühlst (zu Hause, in freier Natur, in einem Kloster).

🗝 Meide in deiner Zurückgezogenheit Begegnungen mit Menschen sowie neue Eindrücke jeglicher Art.

🗝 Genieße die Natur, genieße die Stille – ohne dich in irgendeiner Weise anzustrengen.

🗝 Lass deine Gefühle, Gedanken, Vorstellungen und Bilder zu, so wie sie von selbst kommen und von selbst wieder schwinden.

🗝 Wenn du ihnen Ausdruck verleihen möchtest, zögere nicht, dies in der jeweils entsprechenden Form zu tun.

🗝 Trage Sorge, dass die vielen Eindrücke nicht überhand nehmen und du sie beizeiten ausdrückst.

Wirkung

Jesus musste sich immer wieder dem Übervielen an Aufgaben und an Erwartungen der Menschen entziehen. Er ging an einsame Orte, um zu beten. Das Viele musste dem einen Notwendigen auch in seinem Leben weichen. Wir dürfen und müssen uns in der Begrenztheit unseres menschlichen Wesens immer wieder zurückziehen, um nicht leer zu werden. Es darf nicht sein, dass wir in einen Stress hineingeraten, der uns dem wahren Leben mehr und mehr entfremdet.
Schau auf das Verhalten Jesu, wenn du sehr angespannt bist und meinst, dieses oder jenes nicht lassen zu können. Dann wirst du Mut zum Fragment haben, denn alles kannst du nicht leisten. Um seelisch und körperlich gesund zu werden oder es zu bleiben, wirst du dich regelmäßig in die dir gemäße Stille zurückziehen, um die vielen Eindrücke zu verarbeiten und auszudrücken.

Religiöser Bezug

„Sie alle wollten ihn (Jesus) hören und von ihren Krankheiten geheilt werden. Doch er zog sich an einen einsamen Ort zurück, um zu beten." *(Lukas 5,15b–16)*

„In aller Frühe, als es noch dunkel war, stand Jesus auf und ging an einen einsamen Ort, um zu beten."
(Markus 1,35)

3. Betrachtung

Wir wissen sehr wenig darüber, wie Jesus gebetet oder meditiert hat. Er zog sich immer wieder zum Gebet zurück, um allein zu sein. In allen entscheidenden Situationen seines Lebens betete er. Sein Gebet hat für uns große Bedeutung, wenn es um Entscheidendes in unserem Leben geht. Jesus betete, bevor er den Jüngern die Christus-Frage stellte: „Für wen haltet ihr den Menschensohn?" – und das Leidensgeheimnis erstmals enthüllte. Und während er betete, geschah seine Verklärung auf dem Berg Tabor. Das Beten Jesu löste den inständigen Wunsch der Jünger aus: „Herr, lehre uns beten!", auf den die Übergabe des Herrengebetes folgte – das Vaterunser. Jesus lädt also seine Jünger nicht ein, sich an seinem Gebet zu beteiligen, sondern weist sie an, ihren eigenen Gebetsweg zu gehen.

Erster Schritt

Ging Jesus in die Einsamkeit, um zu beten, nahm er normalerweise seine Jünger nicht mit. Zweimal jedoch durften ihn Petrus, Jakobus und Johannes, die Jünger, die ihm besonders nahe standen, mit in seine Gebetsstunden begleiten. Während der Verklärung auf dem Berg Tabor fiel Licht in ihre betende Gemeinschaft. Das andere Ereignis, bei dem die Lieblingsjünger zugegen waren, war das Gebet Jesu im Garten Getsemani.

Seiner Gewohnheit entsprechend ging Jesus mit den Jüngern über den Kidronbach zum Ölberg. Judas, der ihn verriet und überlieferte, kannte den Ort, da Jesus dort oft mit seinen Jüngern zusammengekommen war. Im Ölberggarten erschauerte Jesus und begann zu verzagen. Er sagte zu Petrus, Jakobus und Johannes: „Meine Seele ist zu Tode betrübt. Bleibt hier und wacht mit mir." *(Matthäus 26,38)* Jesus ging ein Stück voraus – etwa einen Steinwurf weit – warf sich auf die Erde nieder und betete: „Mein Vater, wenn es möglich ist, so gehe dieser Kelch an mir vorüber. Aber nicht wie ich will, sondern wie du willst." *(Matthäus 26,39)* Die Angst Jesu verstärkte sich. Er betete noch inständiger mit den gleichen Worten, die er dreimal wiederholte. Ein Engel erschien ihm vom Himmel und stärkte ihn. Sein Schweiß war wie Blutstropfen, die auf die Erde rannen. Als Jesus sich vom Gebet erhob und zu den Jüngern zurückkam, fand er sie schlafend.

Auf diesem, seinem letzten Weg in Freiheit hatte er sich von seinen Lieblingsjüngern erhofft, dass sie ihn durch ihre Gegenwart und ihr Gebet mittragen und stärken. Die Müdigkeit nach äußerster seelischer Anstrengung hatte sich jedoch der Jünger bemächtigt. Sie wussten weder etwas von der großen Bedeutung dieser Nacht noch was sie ihnen bringen würde.

Es ist drückend heiß. Ein Chamsin, ein trockener Wüstenwind, fegt über Jerusalem. Jesus schreit – geschüttelt von Todesangst – zu seinem Vater. Er weiß, dass er verloren ist, dass sein Weg nach Jerusalem Opfergang ist und dass er das Leben bis zum Tod auf sich nehmen muss. Gerade Jesus, der keinen Menschen ausstoßen konnte, ist in dieser Nacht selbst ein Ausgestoßener. Bebend vor Angst sieht er seiner Auslieferung und Hinrichtung entgegen.

Der seelische Schmerz jedoch ist noch tiefer. Die Erschütterung, die ihn ergriffen hat, besteht darin, dass nicht der Himmel ihn verlassen hat, sondern die Menschen. In dieser Stunde ist die Kluft zwischen Jesus und den Jüngern unendlich größer als sonst. Da Jesus weiß, was im Menschenherzen vorgeht *(vgl. Johannes 2,25)*, erlebt er diese Nacht umso dunkler und furchtbarer. Er versteht, was Menschen tun, und kann es nicht ändern. Er sieht, was in ihnen vorgeht, und kann nichts verhindern. Man kann diesen Bericht nicht lesen und betrachten, ohne selbst zutiefst berührt zu sein. Hier bangt ein Mensch um sein Leben und leidet entsetzlich, da ihn seine Freunde verlassen haben und sogar verraten werden.

Die Verbundenheit mit seinem Vater jedoch ermöglicht ihm die Hingabe an den göttlichen Willen, gibt ihm Vertrauen und Stärke, die ihn bis zum Ende aushalten lassen.

Zweiter Schritt

Jesus ging immer wieder an einsame Orte, um mit seinem Vater allein zu sein und zu beten. Wenn im Leben Jesu diese einsamen Gebetsstunden wichtig und für ihn als Mensch notwendig waren, um in der Kraft und Liebe des Heiligen Geistes zu bleiben, zeigt das, wie unverzichtbar das Gebet erst recht für uns ist. Auch in unserem Leben muss das Viele dem Einen, dem Notwendigen, weichen: die Verbundenheit mit Gott, dem Vater.

Das Anliegen Jesu war und ist es, uns zum Gebet und damit zu größerer Verbundenheit mit Gott zu führen. Er wollte, dass auch wir – wie er selbst im Gebet am Ölberg – unseren Glauben fest auf Gott richten, um alle Angst zu verlieren. Im Augenblick der äußersten Herausforderung im Leben Jesu sprach er die dritte Vaterunser-Bitte und wiederholte einige Male, dass nicht unser, sondern der Wille Gottes geschehen möge.

Möchtest du wissen, wie du am einfachsten und besten beten sollst? Aus dem Gebet Jesu am Ölberg ergeben sich mögliche Antworten:
- Bete regelmäßig.
- Wähle – wenn es dir möglich ist – den gleichen Ort zum Beten.
- Achte darauf, täglich zur gleichen Zeit zu beten.
- Es ist ratsam, Kontakt mit dem Boden aufzunehmen, bevor du mit deinem Gebet beginnst.
- Viele mündliche Gebete können einem Gebetswort oder einem Stoßgebet weichen, das du verinnerlichst und oftmals wiederholst.

Als Mensch benötigte Jesus das vertiefte innere Gebet. Er brauchte es für sich selbst und gab es uns als Leitbild. Die einsamen leid- und angstvollen Stunden Jesu im Garten Getsemani zeigen, dass die Angst überwunden werden kann, die uns immer wieder hindert, wirklich zu sein. Wir stellen uns unumgänglichen Lebenssituationen, fliehen nicht vor der Wahrheit, nehmen Unvermeidliches an und sind offen für himmlische Kräfte. Einmal wird es diese Angst nicht mehr geben, die uns von Gott, von uns selbst und von anderen Menschen trennt.

Dritter Schritt

In der Stunde des Verrats am Ölberg wurde das Versagen aller Jünger und die völlige Verlassenheit Jesu offenbar. Die Jünger, die einstmals alles verließen, um Jesus nachzufolgen, hatten jetzt den Meister verlassen. Mit der Auslieferung des Menschensohnes an seine Feinde hatte die Passion Jesu begonnen. Ganz allein ging er seinen schweren Weg weiter – mit Ruhe und in Würde jedoch trat Jesus denen entgegen, die ihn ergreifen und abführen wollten. Schließlich war er ganz von seinen Feinden umgeben. Selbst in dieser Bedrängnis nutzte Jesus seine Macht nicht, um sich zu widersetzen. Im Gegenteil: Er nutzte seine Macht, um den Geschlagenen zu heilen und den Feinden Gutes zu tun.
Er bleibt Heiland auch für seine Gegner.

Kennst du Zeiten in deinem Leben, in denen dich schwere Schicksalsschläge trafen und dir inmitten der Dunkelheit auf einmal Kraft und Licht zuströmten?

Jesus zeigt, dass Gebet unverzichtbar ist. Wie sieht deine Gebetspraxis aus, und welche Erfahrungen hast du mit dem Beten gemacht?

Gibt es Menschen, die du durch dein Gebet mitträgst und stärkst?

4. Stille und Gebet

„Nicht mein, sondern dein Wille geschehe."
Wiederhole – wie Jesus am Ölberg – dieses kurze Gebet einige Male, indem du es aussprichst. Wiederhole es dann einige Minuten lang innerlich – mehr mit deinem Herzen. Strenge dich nicht dabei an, sondern lass in Hingabe geschehen, was geschehen möchte.

Ich bitte dich um dein Erbarmen durch Jesus Christus,
unseren Herrn und Gott,
der mit dir lebt und liebt in alle Ewigkeit.

Ich lobe dich, Herr, und preise dich,
denn dein ist das Reich und die Kraft und die
Herrlichkeit in Ewigkeit.

Wenn ich zu dir, Herr, bete, lass nicht zu,
dass es nur ein Beten mit den Lippen ist.
Lass meinen Mund schweigen und führe mich
zum inneren Gebet.

Gib mir ein Gespür für dieses Beten und die Einsicht,
dass dieser Weg in deine Nähe und zu dir führt.

5. Psalmen-Gebet
am Abend

Wenn ich rufe, erhöre mich, Gott, du mein Retter!
Du hast mir Raum geschaffen, als mir angst war.
Sei mir gnädig und hör auf mein Flehen!

Wunderbar handelt der Herr an denen, die zu ihm rufen;
der Herr erlöst mich, wenn ich zu ihm rufe.
Ereifert ihr euch, so sündigt nicht!
Bedenkt es auf eurem Lager und werdet still!

Herr, lass dein Angesicht über uns leuchten!
Du legst mir größere Freude ins Herz
als andere haben bei Korn und Wein in Fülle.

In Frieden leg ich mich nieder und schlafe ein;
denn du allein, Herr, lässt mich sorglos ruhen.

Psalm 4,2.4–5.7–9

Zweite Woche Mittwoch

Das Verhör vor dem Hohen Rat – Die Verleugnung durch Petrus und die Geißelung Jesu

1. Gebet

O Gott, du lenkst mit starker Hand
den wechselvollen Lauf der Welt,
machst, dass den Morgen mildes Licht,
den Mittag voller Glanz erhellt.

Lösch aus die Glut der Leidenschaft
und tilge allen Hass und Streit;
erhalte Geist und Leib gesund,
schenk Frieden uns und Einigkeit.

Du Gott des Lichts, auf dessen Reich
der helle Schein der Sonne weist,
dich loben wir aus Herzensgrund,
Gott Vater, Sohn und Heil'ger Geist. Amen.

Hymnus aus dem Stundenbuch

2. Übung
zur Leib- und Seelsorge
„Stärke dein Rückgrat"

⚬── Lege dich auf den Boden wie in den warmen Sand.

⚬── Nimm Kontakt zu dir selbst auf und denke dabei an ein Kind, das immer wieder Kontakt zu sich selbst, zu den Eltern, zur Haut und zum Boden braucht.

⚬── Ziehe die Fersen so weit wie möglich zum Gesäß. Dabei winkelst du die Knie an. Die Füße stehen flach auf dem Boden.

⚬── Spüre, wie dein Becken wohltuend auf dem Boden aufliegt und somit besseren Kontakt zum Boden hat.

⚬── Arme und Hände liegen seitlich neben dem Körper. Die Handflächen berühren den Boden.

⚬── Hebe im Einatmen Nacken und Kopf leicht an. Senke im Ausatmen den Kopf wieder bis auf den Boden und spüre die Auflagefläche.

⚬── Wiederhole das sanfte Heben und Senken deines Kopfes sieben bis acht Mal. Strecke während eines langen Ausatemzuges deine Beine aus – die Fersen gleiten über den Boden.

⚬── Beginne durch Recken und Strecken dich langsam wieder aufzurichten, da die gesunde Körperspannung im Liegen abnimmt.

Wirkung

Die Rückenlage ist die klassische Entspannungsposition, da im Liegen unser Körper der Schwerkraft nichts entgegenstellt. Bei angewinkelten Knien entspannt sich deine Wirbelsäule wohltuend. Vielleicht ist es eine neue Erfahrung für dich, die Entlastung der Wirbelsäule bewusst zu erleben und die volle Länge und Breite deines Rückens zu spüren. Ein starkes Rückgrat wird dir auch zu einer größeren Standfestigkeit im Alltag verhelfen.

Religiöser Bezug

„Sie haben mich oft gedrängt von Jugend auf, doch sie konnten mich nicht bezwingen. Die Pflüger haben auf meinem Rücken gepflügt, ihre langen Furchen gezogen. Doch der Herr ist gerecht, er hat die Stricke der Frevler zerhauen."
(Psalm 129,2–4)

3. Betrachtung

Erster Schritt

Der Hohepriester Kajaphas wusste genau, was er sagte und was er tat. Er wusste, dass Jesus unschuldig war – doch sah er ihn durch dessen wachsende Macht als gemeingefährlich, da er verkündete, durch ihn bräche eine neue Zeit an. Jesus wurde zur Last gelegt, die politische sowie die religiöse Ordnung des Landes in Frage zu stellen. Der Hohepriester sagte zu Jesus: „Ich beschwöre dich bei dem lebendigen Gott, sag uns: Bist du der Messias, der Sohn Gottes? Jesus antwortete: Du hast es gesagt." *(Matthäus 26,63–64a)*
Jesus offenbarte sich nicht den Menschen, die nach Gott suchten und fragten, sondern seinen böswilligen Richtern, deren Hass und Aggressivität ihn von Anfang an umgaben. Obwohl Jesus nun von allen Seiten bedrängt wurde, behielt er seinen festen Standpunkt des reinen Vertrauens auf Gott – einen Standpunkt ohne Angst.
Die Behauptung des Angeklagten, er sei der Messias, wurde in den Augen der Ratsmitglieder als Gotteslästerung gewertet. Jesus bezeugte das, was er in Wirklichkeit ist, und wurde vom Hohen Rat als Messias zum Tode verurteilt.

Zweiter Schritt

Bei der Verklärung auf dem Berg Tabor – die Vorwegnahme des österlichen Geheimnisses der Auferstehung – durfte Petrus anwesend sein und Einsicht in Kommendes nehmen, um die Passion mittragen zu können. Doch er verstand nicht. Und während Jesus die Stunde schlimmster Angst im Ölberggarten durchleiden musste, fiel die Seele des Petrus in tiefen Schlaf. Keine Treue- und Absichtserklärungen, keine hohen Ideale und keine heroischen Verhaltensweisen hatte Jesus erwartet – nur Wachsamkeit und erhöhte Sensibilität für den Leidensweg, den er jetzt gehen musste.

Als Jesus abgeführt wurde, brach auch über Petrus die Nacht herein. Bis zum Hof des Hohenpriesters folgte er Jesus, doch wich er dann aus Angst immer mehr zurück und begab sich innerlich auf die Flucht. Der Erste des Jüngerkreises, Simon Petrus, verleugnete dreimal seinen Herrn und Meister. Mit dem Hahnenschrei am frühen Morgen ging mit der dritten Verleugnung des Petrus die Vorhersage Jesu in Erfüllung. Der am höchsten von Jesus erhöht wurde, Petrus, fiel nun am tiefsten. Und Petrus hatte sich so sicher gefühlt: Er wollte bedingungslos gut sein, doch vermochte er es nicht, seinem Anspruch in Zeiten höchster Gefahr zu entsprechen. Da er die Angst wohl niemals in seinem Leben richtig zugelassen hatte, war Petrus ihr in dieser Nacht ohnmächtig ausgeliefert. Erschütternd erfahren wir die tiefe innere Zwiespältigkeit und Widersprüchlichkeit im Verhalten des Petrus. Worte der Treue hatte er ausgesprochen und einen hohen Idealismus Jesus gegenüber an den Tag gelegt. Nun, da Petrus sich in der Dunkelheit der Nacht befand, brach die hinter allem guten Willen verborgene Macht der Angst in ihm durch.

Jesus wurde durch den Hof geführt und blickte Petrus an. Wird es nicht ein vergebender und liebender Blick gewesen sein, der dem Petrus trotz der ihn umgebenden Dunkelheit Zuversicht gab und einen Lichtblick vermittelte? Petrus weinte bitterlich – und doch war er noch nie so umfangen von der Liebe und Barmherzigkeit Gottes. Jesus hatte ihm vergeben – und das bereits, bevor Petrus aus Angst seinen Herrn und Meister verraten hatte. Petrus wird sich in diesem Augenblick seiner eigenen Hilflosigkeit voll bewusst gewesen sein. Gleichzeitig durfte er erfahren, dass hinter allem der Herr steht und dass sogar in Finsternis Jesus der Herr ist, dessen Licht leuchtet.

Es gibt für uns nur einen Weg: die Schwäche und die Schuld zuzugeben und einzugestehen, um sie zu überwinden. Das Eingestehen unserer Schwäche sollte jedoch ohne Resignation und Hoffnungslosigkeit geschehen. Jesus möchte – wie im Fall des Petrus –, dass auch wir nach begangener Schuld Gott nicht aus den Augen verlieren. Er wird immer, was auch geschah oder kommen mag, zu uns stehen.

Dritter Schritt

Die Geißelung gehörte als Vorstrafe zur Kreuzigung, um den Verurteilten zu schwächen und die Qualen der Kreuzigung noch unerträglicher zu machen. Jesus blieb nichts von den Schmerzen erspart, die sich Menschen für Menschen ausgedacht haben. Der Verurteilte wurde entkleidet, an einen Pfahl oder an eine Säule gebunden und von mehreren Folterknechten geschlagen.
Das Volk und die Gegner Jesu waren derartig aufgebracht, dass sie sich mit der Geißelung nicht zufrieden gaben. Alles Gute, was er ihnen erwiesen hatte, war vergessen. Jetzt hatten sie Angst vor Jesus, denn seine Lehre schien ihnen auf einmal unverständlich und sie meinten, etwas Fremdes ginge von ihm aus. Jetzt wurde er als Feind betrachtet, als Bedrohung, die nicht nur die politische Ordnung in Frage stellte, sondern auch die eigene persönliche Denk- und Lebensweise. Sie fühlten sich durch das Fremde, das das Gewohnte in Frage stellte, verletzt und verlangten, dass es ausgerottet werde.

Betrachte, wie abgesondert und grenzenlos allein Jesus die unsagbaren Schmerzen ertrug – ohne ein Wort der Schmach. Schaue ihn an, wie er an eine Säule gefesselt war und schweigend unzählige Geißelhiebe auf sich nahm. Er, der Sohn Gottes, der Herr der Heerscharen, der Herr der Mächte und Gewalten, hatte zu dieser Stunde keinen Verteidiger auf Erden, keinen Fürsprecher und vielleicht auch nicht einmal einen Menschen, der Mitleid mit ihm hatte.

Gibt es eine Sehnsucht in dir?
Wann spürst du sie, und wie äußert sie sich?

Lebst du unter Belastungen,
die dich in deinen Aktivitäten lähmen?

Wie gehst du mit Widrigkeiten um,
die dir in deinem Lebensalltag zugefügt werden?

Wer oder was gibt dir den stärksten Halt?

Worin besteht dieser Halt?

4. Stille und Gebet

Wenn du dich unsicher oder durch andere Menschen verletzt fühlst oder alte Wunden nicht verheilt sind, wende dich nach innen. Horche in dich hinein und erspüre die in dir hierdurch verursachte Spannung. Umkreise dieses Zentrum liebevoll und nimm den „Schmerz" an. Versuche ihn dann außerhalb dieses Gebetes in der dir eigenen Weise aus-zu-drücken. Nimm das Wort „Man wandelt nur das, was man annimmt" als Anfrage an dich, die dir helfen soll, dich wie auch andere Menschen besser anzunehmen.

Herr, wann werde ich wieder so weit sein,
dass meine Seele sich dir öffnen kann?
Wann werde ich wieder aus ganzem Herzen
zu dir rufen und dich preisen?
Herr, lass es nicht zu,
dass ich so geteilt und zerrissen bin!
Lass es nicht zu, dass Denken, Fühlen und Wollen
ihre eigenen Wege gehen!

5. Psalmen-Gebet
am Abend

Sei mir gnädig, Gott, denn Menschen stellen mir nach;
meine Feinde bedrängen mich Tag für Tag.
Täglich stellen meine Gegner mir nach;
ja, es sind viele, die mich voll Hochmut bekämpfen.

An dem Tag, da ich mich fürchten muss,
setze ich auf dich mein Vertrauen.
Ich preise Gottes Wort.
Ich vertraue auf Gott und fürchte mich nicht.
Was können Menschen mir antun?

Ich habe erkannt: Mir steht Gott zur Seite.
Ich preise Gottes Wort,
ich preise das Wort des Herrn.
Ich vertraue auf Gott und fürchte mich nicht.
Was können Menschen mir antun?

Du hast mein Leben dem Tod entrissen,
meine Füße bewahrt vor dem Fall.
So gehe ich vor Gott meinen Weg
im Licht der Lebenden.
Psalm 56,2-5.10-12.14

Zweite Woche Donnerstag
Die Verspottung Jesu durch die Soldaten – Jesus trägt das schwere Kreuz

1. Gebet

Herr, mach mich zu einem Werkzeug deines Friedens,
dass ich liebe, wo man hasst;
dass ich verzeihe, wo man beleidigt;
dass ich verbinde, wo Streit ist;
dass ich die Wahrheit sage, wo Irrtum ist;
dass ich Glauben bringe, wo Zweifel droht;
dass ich Hoffnung wecke, wo Verzweiflung quält;
dass ich Licht entzünde, wo Finsternis regiert;
dass ich Freude bringe, wo der Kummer wohnt.

Herr, lass mich trachten,
nicht, dass ich getröstet werde, sondern dass ich tröste;
nicht, dass ich verstanden werde, sondern dass ich liebe.

Denn wer sich hingibt, der empfängt;
wer sich selbst vergisst, der findet;
wer verzeiht, dem wird verziehen;
und wer stirbt, der erwacht zum ewigen Leben.

Frankreich 1913

2. Übung
zur Leib- und Seelsorge „Nimm dein Kreuz an"

Am wirkungsvollsten ist es, diese Übung im Liegen auszuführen. Du kannst jedoch dein Kreuz auch im Sitzen oder Stehen wahrnehmen.

Breite deine Arme als Verlängerung des Schultergürtels nach links und rechts aus. Die Handflächen zeigen nach oben.

Nimm dein Kreuz wahr, das von Wirbelsäule und Schultergürtel gebildet wird.

Fühle deinen Ein- und Ausatemrhythmus.

Atme tief aus.

Gehe beim Einatmen mit deiner Aufmerksamkeit in den Beckenraum, richte dich gerade auf und stelle dir vor, deine Wirbelsäule hinauf zu atmen.

Führe die Luft bis in den Schultergürtel.

Atme tief aus.

Spüre einige Male im Ein- und Ausatmen dein Kreuz, das du trägst und das dich trägt.

Wirkung

Indem du wahrnimmst, nimmst du etwas vom Wahren – und dazu gehört auch dein Kreuz, das du akzeptieren musst und daher bejahen solltest. Diese Übung ist in der Lage, dich und das, was du zu tragen hast, zu entlasten.

Wichtig ist ebenfalls, dass du um das Kreuz weißt, das du vielleicht auch manchmal für andere bist.

Religiöser Bezug

„Wer nicht sein Kreuz trägt und mir nachfolgt, der kann nicht mein Jünger sein." *(Lukas 14,27)*

„Jesus hat angesichts der vor ihm liegenden Freude das Kreuz auf sich genommen, ohne auf die Schande zu achten, und sich zur Rechten von Gottes Thron gesetzt." *(Hebräerbrief 12,2 b)*

„Und wer nicht sein Kreuz auf sich nimmt und mir nachfolgt, ist meiner nicht würdig." *(Matthäus 10,38)*

3. Betrachtung

Erster Schritt

Nach der Verurteilung Jesu zum Tode mussten die Vorbereitungen für die Hinrichtung getroffen werden. Diese Zwischenzeit nutzten die Soldaten, Jesus zu verspotten. Die ganze Kohorte wurde zusammengeholt, um diesen grausamen Spott mit Jesus, dem „König der Juden", zu genießen. Die Soldaten hatten zusätzlich ihren Spaß daran, den Messias-Anspruch Jesu lächerlich zu machen. Es bereitete ihnen Vergnügen, in der Person Jesu den gesamten „Wahn" der jüdischen Messias-Hoffnung zunichte zu machen. Doch tiefer gesehen ging es auch darum, den Anspruch aller Könige, aller Autoritäten und Vorgesetzten in einer solchen Verspottung, wie sie Jesus zugefügt wurde, mit Füßen zu treten. In Wahrheit jedoch war und ist Jesus König, da er dies alles schweigend ertrug und sein Herrschen im Dienen und Lieben ausübt. Für die vielen, die leiden mussten, die jetzt leiden und die leiden werden, trug er die Wunden der Geißelung, die des Dornenkranzes und die Qual der Verspottung. Jesus ist der Gottessohn, dem die Menschen – wir – die größte Schmach angetan haben und antun. Trotzdem liebt Gott die Menschen und hat es so beschlossen, um sie durch ihre Bosheit und durch seine verborgene und vergebende Liebe zur Umkehr zu führen.

Zweiter Schritt

Der Kreuzweg Jesu vom Herodespalast zur Stadtmauer und von dort bis zur Richtstätte führte absichtlich durch belebte Straßen, denn die Strafe der Kreuzigung sollte abschrecken.
Jesus wies das Kreuz nicht zurück. Er nahm es bereitwillig auf sich. Bei regulären Hinrichtungen trugen die Verurteilten nicht das ganze Kreuz, sondern nur den Querbalken – so auch Jesus. Als Längsbalken des Kreuzes dienten Pfähle, die an der Hinrichtungsstätte fest in die

Erde eingerammt waren. Der Hügel, auf dem Jesus hingerichtet werden sollte, lag im Norden Jerusalems – außerhalb des Stadttores. Er trug den Namen „Golgota", zu Deutsch „Schädelhöhe", da der steil ansteigende Hügel die Form eines Schädels hatte.

Jesus war auf Grund der Geißelung und der Folterung nicht mehr in der Lage, den schweren Balken selbst bis zur Hinrichtungsstätte zu tragen. Er war so geschwächt und am Ende seiner Kraft, dass die Soldaten noch innerhalb der Stadt einen Mann, der zufällig vom Feld kam, zwangen, Jesus das Kreuz abzunehmen. Kein Jünger und kein Apostel war zur Stelle, um Jesus zur Seite zu stehen und ihm zu helfen, obwohl er ihnen gesagt hatte, dass seine Nachfolge Kreuzes-Nachfolge sei.

„Weint nicht über mich", sagte Jesus auf seinem Gang in den Tod zu einigen Frauen, die um ihm klagten und weinten. Der Anblick der Stadt Jerusalem und die Begegnung mit ihren Bewohnern, die ihm gut gesinnt waren, veranlasste Jesus, sein Vorauswissen um das Ende dieser Stadt und seine Liebe zu ihr und den Menschen zu offenbaren.
Als sie Jesus an den Ort namens Golgota gebracht hatten, reichten sie ihm Wein, der mit Myrrhe gewürzt war. Bei den Juden war es Brauch, dem Hinzurichtenden ein berauschendes Getränk zu geben, damit er die Qualen besser ertrage. Der gewürzte Wein war ein solches Betäubungsgetränk, um die furchtbaren Schmerzen aushalten zu können. Als Jesus das betäubende Getränk gekostet hatte, lehnte er es ab. Er wollte keine künstliche Linderung der Schmerzen – ein Zeichen, dass Jesus die Qualen und den Tod bewusst erdulden wollte. Es war sein Wunsch, mit vollem Bewusstsein in den Tod zu gehen und damit den Kelch, den ihm der Vater reichte, bis zur Neige auszutrinken.

Glaubst du auch, dass der zum Tode verurteilte Jesus der Heiland der Welt ist? Eine wirklich glaubwürdige Antwort kannst du dir geben, wenn du durch dein Leben wenigstens etwas dazu bei-"getragen" hast, das Leid eines Menschen zu lindern und es ihm ein wenig zu erleichtern.

Welche Station auf dem Kreuzweg Jesu
berührt dich am stärksten und warum?

Wer oder was ist in der Lage,
dich zu Boden zu drücken?

Wie gehst du mit Hindernissen um, die dich nicht
mehr weitersehen lassen und dir den Mut nehmen?

Hast du durch dein Leben bisher dazu beigetragen,
das Leid eines Menschen zu lindern und
es ihm ein wenig zu erleichtern?

4. Stille und Gebet

Lass in der Stille durch Nicht-Tun, -Sprechen, -Denken und -Fühlen eine Kraft in dir zu, die in der Lage ist, das Kreuz und alles Dunkle in dir wie auch in der Welt zu überwinden.

Du, Gott, weißt, wie viel für mich
an deinem Frieden gelegen ist.

Gib mir die Einsicht und das Verlangen,
ihn immer aufs Neue zu suchen.

Bewirke, dass alle deinen Frieden
in ihrem Herzen tragen
und lass nicht zu, dass wir ihn wieder verlieren.

Sei bei uns und führe uns dorthin,
wo der wahre Friede niemals endet.

Doch schenke uns auch dann die Ruhe
und den Frieden,
wenn wir vorübergehend das Kreuz tragen müssen,
um es zu überwinden.

5. Psalmen-Gebet
am Abend

Herr, wie zahlreich sind meine Bedränger;
so viele stehen gegen mich auf.
Viele gibt es, die von mir sagen:
„Er findet keine Hilfe bei Gott."

Du aber, Herr, bist ein Schild für mich,
du bist meine Ehre und richtest mich auf.
Ich habe laut zum Herrn gerufen;
da erhörte er mich von seinem heiligen Berg.

Ich lege mich nieder und schlafe ein,
ich wache wieder auf, denn der Herr beschützt mich.
Viele Tausende von Kriegern fürchte ich nicht,
wenn sie mich ringsum belagern.

Herr, erhebe dich,
mein Gott, bring mir Hilfe!

Psalm 3,2–8

Zweite Woche Freitag
Die Kreuzigung und Jesu Worte am Kreuz

1. Gebet

Dein Kreuz

Gottes ewige Weisheit hat von Ewigkeit her
das Kreuz ersehen,
das er dir als ein kostbares Geschenk
aus seinem Herzen gibt.

Er hat dieses Kreuz, bevor er es dir schickte,
mit seinen allwissenden Augen betrachtet,
es durchdacht mit seinem göttlichen Verstand,
es geprüft mit seiner weisen Gerechtigkeit,
mit liebenden Armen es durchwärmt,
es gewogen mit seinen beiden Händen,
ob es nicht einen Millimeter zu groß
und ein Milligramm zu schwer sei.

Er hat es gesegnet mit seinem allheiligen Namen,
mit seiner Gnade es durchsalbt
und mit seinem Troste es durchduftet.
Und dann noch einmal auf dich und deinen Mut geblickt
– und so kommt es schließlich aus dem Himmel zu dir
als ein Gruß Gottes an dich,
als ein Almosen der allbarmherzigen Liebe.
Franz von Sales (1567–1622)

2. Übung
zur Leib- und Seelsorge „Gewinne Kraft durch dein Kreuz"

Stehe aufrecht, die Arme hängen herab, die Füße stehen fest auf dem Boden.

Lass den Lebensstrom von der Erde aus durch die Füße über deine Beine bis in dein Becken aufsteigen, wo sich beide Ströme vereinen.

Führe diese strömende Kraft vom Kreuzbein aus langsam die Wirbelsäule hinauf bis zur Höhe der Schulterblätter. Breite beide Arme aus. Führe sie – die Hände sind offen – in die Waagrechte.

Spüre, wie du nun leibhaft die Grundform des Kreuzes darstellst. Fühle es mit deinen Sinnen und durch deine Empfindungen.

Nimm den Lebensstrom, der zwischen deinen Schulterblättern verweilt, wieder auf, teile ihn und lass ihn durch Arme und Hände bis zu den Fingerspitzen strömen und von dort aus in den Raum hinein.

Löse dich von der Kreuzfigur in Haltung und Vorstellung. Lass deine Arme sinken.

Nimm den Energiestrom durch die Hände wieder auf. Führe ihn durch deine Arme, dann die Wirbelsäule hinunter bis zum Becken und von dort durch deine Beine in die Füße. Gib ihn durch die Füße in die Erde ab.

Wirkung

Die Horizontale des Kreuzes ist wie ein Äquator, der den geistigen Raum des Kosmos umrundet. In ihn gliederst du dich ein, indem du Lebensenergie abgibst und gleichzeitig neue aufnimmst. Du machst die Erfahrung, nicht allein zu sein, sondern getragen zu werden: physisch erfahrbar durch das Vibrieren der Fingerspitzen, die Erwärmung der Hände und eine vermehrte Durchblutung.

Religiöser Bezug

„Der Geist des Herrn erfüllt den Erdkreis, und er,
der alles zusammenhält, kennt jeden Laut."
(Weisheit 1,7)

„Das Wort vom Kreuz ist denen, die verlorengehen, Torheit;
uns aber, die gerettet werden, ist es Gottes Kraft."
(1. Korintherbrief 1,18)

„Er stiftete Frieden und versöhnte die beiden (Juden und Heiden)
durch das Kreuz mit Gott in einem einzigen Leib."
(Epheserbrief 2,15b–16a)

3. Betrachtung

Die Betrachtung soll an den Karfreitag erinnern und dazu beitragen, dass sich der Betrachtende dem Geheimnis des Kreuzes nähert.

Erster Schritt

Mit letzter Kraft und unter größten Mühen hatte Jesus die Richtstätte, Golgota, erreicht. Nachdem die Soldaten Jesus entkleidet hatten, nagelten sie ihn am Boden liegend mit ausgestreckten Armen an das Querholz. Dieses wurde dann zusammen mit dem Körper am senkrecht in den Boden eingerammten Hinrichtungspfahl hoch gezogen und in einer Kerbe am oberen Teil des Pfahls befestigt. Unter unsagbaren Schmerzen nagelten sie nun die Füße Jesu an den Längsbalken. Dieses Schlagen ans Kreuz, das mit großem Blutverlust verbunden war, leitete den Tod Jesu ein.

Man glaubte, der wahre Messias, den man erwartete, würde niemals am Kreuz hängen und leiden, sondern seine Gegner radikal vernichten. Jesus wurde zum Tode verurteilt, gefoltert und an ein Kreuz genagelt, weil der Gott des Erbarmens und der Liebe, den er verkündete, den maßgebenden Kreisen in seinem Volk widersprach. Die Macht seiner Freiheit und seiner Unbefangenheit sowie die Kraft seiner Güte wurden für seine Gegner unerträglich.

Der gekreuzigte Jesus blieb beständig im beobachtenden Blick sowohl der Soldaten als auch der Umherstehenden. Die unmenschliche Grausamkeit der Hinrichtung am Kreuz zeigte sich gerade darin, dass sie auf einen sehr langsamen und immer wieder hinaus gezögerten Tod ausgerichtet war. Der Gekreuzigte hing, sobald seine Beine versagten und er keine Kraft mehr hatte, mit seinem gesamten Körpergewicht an den Armen. Schon nach kurzer Zeit traten schwere Durchblutungsstörungen auf, beklemmende Atemnot und Kreislaufversagen.

Zwischen der sechsten und der neunten Stunde hörte die Sonne auf zu scheinen und es brach Finsternis über das Land. Am Leiden und Sterben Jesu nahm der gesamte Kosmos Anteil.

Jesus litt nicht nur unter unermesslichen Qualen des Kreuzes, sondern auch unter unermesslichen Qualen der Seele. Seine seelische Verfassung kann kein Mensch ergründen. Die Verlassenheit Jesu in diesen Stunden der Finsternis war abgrundtief. Im Dunkel dieser „Gottverlassenheit" wandte er sich im Gebet an Gott, seinen Vater.

Zweiter Schritt: „Vater, in deine Hände lege ich meinen Geist"

Jesu Leben, Leiden und Sterben war die Erfüllung eines sich langsam vollendenden Gebetes. Jesus war erfüllt von der Gewissheit, dass bei Gott, seinem Vater, das Leben auf ihn wartete.

Mit diesem Wort wendet er sich voll Vertrauen und in Hingabe an seinen Vater. Gott, seinen Vater, stellt er in den Mittelpunkt sowohl seines Lebens als auch seines Sterbens. Sterbend am Kreuz gab Jesus sein Leben mit großem Vertrauen in die Hände Gottes zurück. Er lieferte damit seinen Geist, der Träger des Lebens ist, seinem Vater vollkommen aus. Dies geschah im Wissen und aus der Erfahrung, dass in Gottes Händen und in seiner Vatergüte die Seele geborgen ist.

Leiden und Sterben des Messias wurden zur unerlässlichen Voraussetzung für seine Auferstehung in der Herrlichkeit Gottes.

Das Wort „Vater, in deine Hände lege ich meinen Geist" *(Lukas 23,46a)* kannst du – wer du auch bist und wo du auch stehst – mitten in deinem aktiven Leben einüben. Diese Erfahrung der Hingabe hat Jesus seit seiner Kindheit gemacht. Lukas zeigt, wie Jesus sein Sterben und seinen Tod im Vertrauen auf die Liebe des Vaters bewältigte. Er zeigt damit auch uns, wie wir unseren eigenen Tod gläubig bewältigen können. Der Tod als Wirklichkeit eines jeden Lebens muss nicht nur erlitten, sondern auch bejahend vollbracht werden. Es ist eine Arbeit, die mit, durch und in Jesus Christus getan werden muss.

Dritter Schritt: „Es ist vollbracht."

Johannes drückt in seinem Evangelium das verborgene Geheimnis des Todes Jesu aus: Jesus ist trotz des großen Leidens und der Schmach durch die Menschen der in Gottes Plan „hoheitsvoll Erhöhte". Der Sohn Gottes ging durch das Tor des Todes zum Vater, nachdem er sein irdisches Werk vollbracht hatte. Das innere Wissen und Vorherwissen Jesu, der die Seinigen bis zum Letzten geliebt hat, lässt ihn dieses Wort sagen. Jesus wusste, dass in dieser Stunde alles „vollendet" oder „vollbracht" war. Er wusste um seinen Weg und um seine Aufgabe, die er zu erfüllen hatte.
Selbst sein Sterben hat Jesus widerstandslos angenommen. Er verstand dieses unabwendbare Schicksal als Selbsthingabe an den Vater.

Nach der Vollendung seines Auftrags in dieser Welt ging Jesus in großem Frieden zu seinem Vater hinüber. Vollendet war die Liebe Jesu zu den Seinen, vollendet war auch die Hingabe seines irdischen Lebens.
„Deshalb liebt mich der Vater, weil ich mein Leben hingebe, um es wieder zu nehmen." *(Johannes 10,17)*
Nachdem Jesus sein Haupt geneigt und seinen Geist aufgegeben hatte, kehrte er in die himmlische Lichtwelt zurück, von der er ausgegangen war.

Wie gehst du mit dem Wort um „Durch Wunden wird eine Tiefe geschlagen, in der Ewigkeit wohnt"?

Das Kreuz, das eventuell in deiner Wohnung hängt, – was bedeutet es für dich?

Gab oder gibt es in deinem Leben Situationen, in denen du glaubtest am Ende zu sein?

Bist du bereit, deine Aufgaben in dieser Welt mutig anzugehen und sie zu vollenden? Was unternimmst du?

Denke darüber nach, ob und warum du vielleicht für andere Menschen ein Kreuz bist.

Wem gilt deine besondere Fürsorge?

4. Stille und Gebet

Im Gebet der Hingabe lieferst du deinen Geist, der Träger des Lebens ist, deinem himmlischen Vater vollkommen aus. In Gottes Händen ist deine Seele geborgen und empfängt neue Kraft.
Übe in dieser Stille das Gebetswort „Vater, in deine Hände lege ich meinen Geist" innerlich ein. Durch, mit und in Christus wird es dir gelingen, vorübergehend und einmal für immer alle Anspannungen loszulassen.

Herr, du unser Freund und du unser Vater!
Schenke uns die Einsicht und Gnade,
dir vollkommen zu dienen.
Lehre uns in der Nachfolge Jesu
das Kreuz anzunehmen und zu überwinden.
Lass uns nicht nur deinen Tod verkünden,
sondern wahrhaft mit dir sterben,
um mit dir aufzuerstehen.

Schenke uns Gelassenheit, Ruhe der Seele
und Erkenntnis unserem Verstand.
Dein Wille geschehe wie im Himmel also auch auf Erden.
Befreie uns von allen Anhänglichkeiten,
die uns hindern auf dem Weg zu dir.
Gib uns ein reines Herz, dass wir dich schauen.
Führe uns den geistlichen Weg der Ruhe und der Hingabe.
Bekleide uns mit deiner Gnade,
erfülle uns mit deiner Liebe
und führe uns den Weg zur Vollkommenheit.

5. Psalmen-Gebet
am Abend

Herr, ich suche Zuflucht bei dir.
Lass mich doch niemals scheitern;
rette mich in deiner Gerechtigkeit!

Wende dein Ohr mir zu,
erlöse mich bald!
Sei mir ein schützender Fels,
eine feste Burg, die mich rettet.
Denn du bist mein Fels und meine Burg;
um deines Namens willen
wirst du mich führen und leiten.
Du wirst mich befreien aus dem Netz,
das sie mir heimlich legten;
denn du bist meine Zuflucht.

In deine Hände lege ich voll Vertrauen meinen Geist;
du hast mich erlöst, Herr, du treuer Gott.
Dir sind alle verhasst, die nichtige Götzen verehren,
ich aber verlasse mich auf den Herrn.

Ich will jubeln und über deine Huld mich freuen;
denn du hast mein Elend angesehen,
du bist mit meiner Not vertraut.
Du hast mich nicht preisgegeben
der Gewalt meines Feindes,
hast meinen Füßen freien Raum geschenkt.

Psalm 31,2–9

Zweite Woche Samstag
Die Kreuzesabnahme und das Begräbnis Jesu

1. Gebet

Nacht und Gewölk und Finsternis,
verworrnes Chaos dieser Welt,
entweicht und flieht! Das Licht erscheint,
der Tag erhebt sich: Christus naht.

Jäh reißt der Erde Dunkel auf,
durchstoßen von der Sonne Strahl,
der Farben Fülle kehrt zurück
im hellen Glanz des Taggestirns.

So soll, was in uns dunkel ist,
was schwer uns auf dem Herzen liegt,
aufbrechen unter deinem Licht
und dir sich öffnen, Herr und Gott.

Blick tief in unser Herz hinein,
sieh unser ganzes Leben an:
noch manches Arge liegt in uns,
was nur dein Licht erhellen kann.

Dir, Christus, guter Herr und Gott,
dem ew'gen Vater, der uns liebt,
dem Heil'gen Geist, der bei uns ist,
sei Lob und Dank in Ewigkeit. Amen.

Hymnus aus dem Stundenbuch

2. Übung
zur Leib- und Seelsorge
„Finde dein inneres Gleichgewicht"

Durch die Kreuzeshaltung kannst du den jeweiligen Stand deines inneren Gleichgewichtes wahrnehmen.

Nimm nach dem Aufstehen oder auch während des Tages für kurze Zeit die Kreuzeshaltung an.

Stelle deine Beine etwa schulterbreit auseinander, richte die Wirbelsäule auf und breite deine Arme seitlich aus.

Beobachte, nach welcher Seite sich dein Körper neigt. Spüre in ihn hinein, um noch besser die Richtung festzustellen:

rechts: Verstandes- und Bewusstseinsseite
links: die Seite des Gefühls
vorn: die zur Aktion drängende Richtung
hinten: die passiv verharrende Richtung

Durch die Antwort deines Körpers kannst du in hervorragender Weise das für dich Notwendige unterstützen.

Wirkung

Durch die Kreuzeshaltung und das damit verbundene Verhalten deines Körpers gewinnst du Einblick in dein Inneres. Dein leiblicher und seelischer Zustand wird dir bewusst. Du bist in der Lage ihn – wenn nötig – entsprechend auszugleichen. Du erhältst Direktiven für dein Fühlen, Denken, Tun und Lassen und weißt, welche Kräfte du im Tagesablauf aktivieren oder dämmen solltest.

Religiöser Bezug

„Denn die kleine Last unserer gegenwärtigen Not schafft uns in maßlosem Übermaß ein ewiges Gewicht an Herrlichkeit."
(2. Korintherbrief 4,17)

„Mach auch für deine Worte Waage und Gewicht."
(Jesus Sirach 28,25b)

„Ihr sollt zusammen mit allen Heiligen dazu fähig sein, die Länge und Breite, die Höhe und Tiefe zu ermessen und die Liebe Christi zu verstehen, die alle Erkenntnis übersteigt."
(Epheserbrief 3,18–19)

3. Betrachtung

Erster Schritt

Der bevorstehende Sabbat war ein großer Feiertag, denn es wurde gleichzeitig an diesem Tag das Pessach-Fest begangen. Die Juden befürchteten, dass die Hingerichteten noch an diesem heiligen Feiertag am Kreuz hängen und dahinsiechen würden. Daher wollten sie, dass die Toten möglichst schnell begraben würden.
Um ganz sicher zu gehen, dass Jesus nicht doch mit einem Funken Leben vom Kreuz abgenommen würde, stieß ihm einer der Soldaten – statt ihm die Beine zu zerbrechen – mit einer Lanze in die Seite. Und sogleich flossen aus der Herzwunde Blut und Wasser. Die Öffnung der Seite Jesu galt als Beweis seines sicheren Todes.

Jesus Christus ist der „Erhöhte". Als Auferstandener trägt er noch die Wundmale an seinem verklärten Körper. Sie sind Kennzeichen seines Menschseins, seines Leidens und Sterbens. Die fünf Wunden an den Händen, den Füßen und an der Seite Christi werden sich erst dann schließen, wenn die gesamte Schöpfung und damit auch der letzte, der Gott fern stehendste Mensch erlöst sein wird.

Zweiter Schritt

Stelle dir nun einige Fragen und lass dir viel Zeit für die Beantwortung jeder einzelnen Frage:

- Wie hättest du dich verhalten, wenn du als Anhänger oder Anhängerin Jesu damals seinen Leidensweg mit angesehen hättest?
- Hättest du den Mut gehabt, dich offen unter das Kreuz zu stellen und dich zu ihm zu bekennen?
- Was bedeutet das Kreuz für dich?

- Was empfindest du beim Lesen dieses Satzes: „Wir verehren nicht das Kreuz, sondern den Gekreuzigten und Auferstandenen"?
- Wie stehst du zu der Aussage: „Das Kreuz sucht man nicht; es wird auferlegt"?
- Kannst du im Tragen deines eigenen Kreuzes den Blick zum Vater heben?
- Worin besteht bei dir die Versuchung eines Weggehens von ihm?
- Gelingt es dir, auf den Gekreuzigten und Auferstandenen zu schauen und daraus Kraft zu schöpfen, wenn du in dieser Welt einen Ausweg sehen und mitten in der Dunkelheit Licht wahrnehmen willst?
- Wie weit bist du in der Lage, etwas zu ertragen und mitzutragen?
- Wie könnte nach den Karfreitagen in der Menschheitsgeschichte das Kreuz für alle Zeit vermieden werden?
- Wenn du bedenkst, dass Menschen, die wir wirklich lieb haben, in unserer Vorstellung und in unseren Herzen nicht sterben können: Kann da nicht jeder Karfreitag zu einem neuen Anfang werden?

Dritter Schritt

Die Abnahme Jesu vom Kreuz und seine Grablegung waren der Übergang von aller Schmach zur Herrlichkeit.

Wer nach römischem Recht hingerichtet wurde, verlor damit auch das Recht auf die Totenehrung. Wer die Leiche eines Hingerichteten eigenmächtig entfernte, musste mit einer hohen Bestrafung rechnen. Der römische Statthalter Pilatus war für die Freigabe des toten Jesus zur Bestattung zuständig. Da mit dem Sonnenuntergang bereits der nächste Tag begann – also der Sabbat und das Pessach-Fest – war Eile geboten. Vor dem Aufleuchten des ersten Sterns musste das Begräbnis stattgefunden haben.

Josef von Arimathäa, ein vornehmer Ratsherr und heimlicher Anhänger Jesu, überwand seine Schwäche, zeigte Mut und wagte es, zu Pilatus zu gehen, der wegen seiner Härte bekannt war. Er bat den

Statthalter um den Leichnam Jesu, um ihn vom Kreuz abnehmen und ihn noch vor dem Aufleuchten des ersten Sterns bestatten zu dürfen. Pilatus ließ sich zunächst den Tod Jesu durch einen Hauptmann bestätigen. Da Pilatus im Geheimen von der Unschuld Jesu überzeugt war und Josef von Arimathäa beim Statthalter seinen Einfluss geltend machte, gelang es ihm, den Leichnam Jesu frei zu bekommen.

Sein Entschluss, Jesus vom Kreuz zu nehmen und ihn seiner Würde und Heiligkeit entsprechend zu bestatten, offenbarte die Größe der Liebe zu Jesus und die Größe seines Glaubens an ihn.

Der Ausklang der Passion Jesu geschah nun in Frieden und großer Ruhe. Durch die liebevolle Behandlung des Leichnams Jesu wurde ihm eine außergewöhnliche Verehrung zuteil. Josef von Arimathäa und Nikodemus, der hinzugekommen war, trugen Jesus noch in der letzten Stunde des Tages vor dem Sabbat und Pessach-Fest zu Grabe – noch bevor der erste Stern am Himmel zu leuchten begann. Einige Frauen, die sich in der Nähe des Grabes niedergelassen hatten, um das Begräbnis zu beobachten, wurden zu Zeugen des Geschehens.

Als Erster der Entschlafenen wurde Jesus in das neue Grab gebettet. Indem Josef von Arimathäa Jesus in seinem eigenen Familiengrab beisetzte, nahm er ihn als seinen Bruder auf. Das Grab Josefs, das nun zum Grab Jesu geworden war, liegt zwischen Golgota und Ostern, zwischen Geschichte, Zeit und Ewigkeit.

Hier endet das Leben, das Leiden und der Tod Jesu, und es beginnt die Heilsgeschichte Christi.

Gab es Situationen in deinem Leben,
die bei dir zum Durchbruch einer
entschiedenen Glaubenshaltung geführt haben?

Viele Tode werden durch das Kreuz verursacht.
Kannst du dir vorstellen, dass das Kreuz
die Erde mit dem Himmel verbindet und
als Brücke zur Auferstehung dient?

Du kennst Karfreitage in deinem Leben.
Hast du erfahren, dass sie zu einem
neuen Anfang für dich geworden sind?

Kannst du die Auffassung bejahen, dass wir damit
aufhören sollten, das Leiden heiligzusprechen?

4. Stille und Gebet

Kämpfst du mit der Dunkelheit oder gegen sie an, wirst du sie niemals vertreiben. Wendest du dich dagegen dem Licht zu, wird sie wie von selbst schwinden. Versuche jetzt in der Stille – wie auch später in deiner Aktivität – etwas Lichtvolles in dich aufzunehmen. Du kannst es, indem du dich an etwas sehr Schönes in deinem Leben erinnerst oder dir gar bewusst wirst, dass Licht in dir zum Leuchten kommen möchte.

Herr, ohne deine Hilfe vermögen wir nichts.
Deine Barmherzigkeit und Liebe bewahren uns vor Täuschungen.
Schenke uns Durchhaltevermögen, damit wir
zum Schweigen und zum inneren Gebet finden.
Gib uns Licht, um einzusehen, wie heilsnotwendig es ist,
Fortschritte zu machen und uns von den widergöttlichen
Kräften zu trennen.

Schicke uns Menschen auf unseren Weg,
die uns voraus sind und uns ermutigen weiterzugehen.
Bewahre uns vor jedem Rückschritt und lass uns
nicht in Gefahr unterliegen.
Hilf uns, das uns zugedachte Kreuz anzunehmen
und gib uns Kraft, es zu überwinden.

5. Psalmen-Gebet
am Abend

Herr, höre mein Gebet!
Mein Schreien dringe zu dir.
Verbirg dein Antlitz nicht vor mir!
Wenn ich in Not bin, wende dein Ohr mir zu!
Wenn ich dich anrufe, erhöre mich bald!

Meine Tage schwinden dahin wie Schatten,
ich verdorre wie Gras.
Doch deine Liebe, Herr, strahlt für immer und ewig,
und deine Herrlichkeit wird kein Ende finden.

Du, Herr, wirst das Zerstörte wieder aufbauen
und die Dunkelheit mit Licht erfüllen.
Wende dich dem Gebet der Verlassenen zu
und zeige uns dein Erbarmen.

Höre auf das Seufzen der Gefangenen
und befreie alle, die dem Tod geweiht sind,
damit sie den Namen des Herrn verkünden
und Licht in die Dunkelheit bringen.

Himmel und Erde werden vergehen,
du aber bleibst.
Du aber bleibst, der du bist
und deine Jahre enden nie.

Psalm 102,2–3.12–13.17–18.21–22.27a–28

Zweite Woche Sonntag
Der Gang Jesu zu den Toten –
Seine Auferstehung
und Himmelfahrt

1. Gebet

Der Morgen rötet sich und glüht,
der ganze Himmel tönt von Lob,
in Jubel jauchzt die Erde auf,
und klagend stöhnt die Unterwelt.

Der starke, königliche Held
zerbrach des Todes schweren Bann.
Sein Fuß zertrat der Hölle Macht:
Aus harter Fron sind wir befreit.

Er, den der Stein verschlossen hielt
und den man noch im Grab bewacht,
er steigt als Sieger aus dem Grab,
fährt auf in strahlendem Triumph.

Schon werden alle Klagen stumm,
in Freude wandelt sich der Schmerz,
denn auferstanden ist der Herr;
ein lichter Engel tut es kund.

Dem Herrn sei Preis und Herrlichkeit,
der aus dem Grabe auferstand,
dem Vater und dem Geist zugleich
durch alle Zeit und Ewigkeit. Amen.

Hymnus aus dem Stundenbuch

2. Übung
zur Leib- und Seelsorge
„Spüre die Verbindung zwischen Erde und Himmel"

Halte für einen Augenblick inne und stelle dich aufrecht. Nimm durch deine Füße Kontakt zur festen Erde auf.

Spüre über deine Beine, das Becken und die Wirbelsäule eine Bewegung zum Kopf hin, so dass du dich in deiner ganzen Gestalt wahrnehmen kannst.

Lass bei leicht geöffnetem Mund deinen Atem fließen.

Spüre über deinem Kopf den Raum, die Luft und letztlich den Himmel.

Zu deinen Füßen die Erde, über deinem Kopf der Himmel: dazwischen stehst du. Nimm die Spannung zwischen Erde und Himmel wahr und lass sie durch dich hindurchfließen.

🗝 Sei ganz anwesend und verinnerliche deine Aufgabe, die letztlich darin besteht, die Erde mit dem Himmel zu verbinden.

🗝 Führe mehrmals diese Übung durch: zum Beispiel bevor du in dein Auto steigst, bevor du mit deiner Arbeit beginnst oder von einer Aufgabe zur anderen wechselst.

Wirkung

Das Aufrichten in dem Bewusstsein, du verbindest die Erde mit dem Himmel, gibt innere Sicherheit sowie Widerstandsfähigkeit und hilft die Gegenwart bewusster und sinnvoller zu leben. Wenn es Schranken der Isolierung gibt, werden diese durchbrochen. Die Übung stellt eine Balance zwischen Körper und Geist her, da die Aufrichte-Kraft eines Menschen, räumlich und innerlich, eine Frage des Gleichgewichtes ist. Von der standfesten Materie richtest du dich in die geistige Strömung von oben. So lebst du bipolar gleichwertig zwischen „Mutter Erde" und „Vater Himmel". Du musst die Erde in den Himmel mitnehmen. Da die Jakobsleiter einen festen Stand auf der Erde hat, kann sich auch der Himmel über ihr öffnen.

Religiöser Bezug

„Er (Jakob) nahm einen von den Steinen dieses Ortes, legte ihn unter seinen Kopf und schlief dort ein. Da hatte er einen Traum: Er sah eine Leiter, die auf der Erde stand und bis zum Himmel reichte. Auf ihr stiegen Engel Gottes auf und nieder." *(Genesis 28,11b–12)*

3. Betrachtung

Die Heilsgeschichte Christi beginnt mit einer großen Stille, denn die Evangelien schweigen über die Zeit zwischen der Grablegung und der Auferstehung. Über den Karsamstag erfahren wir nichts.

Erster Schritt

Im neunten Jahrhundert nahm die Römische Kirche den Satz „Hinab gestiegen in das Reich des Todes" in ihr Glaubensbekenntnis auf. Jesus ist am Kreuz gestorben und begraben worden. Wie er auf Erden solidarisch war mit den Lebenden, so ist er in und nach seinem Tod solidarisch mit den Toten. Das Leiden der Seele Christi, das Größte, das sich denken lässt, war wie das Leiden derjenigen, die sich durch Missbrauch ihrer Freiheit ins tiefste Unten der unteren Welt gebracht haben – dahin, wo es kein weiteres Entferntsein von Gott mehr gibt. Nach seinem Tod durchlitt die Seele Christi die gesamte Dimension des rein Gegengöttlichen, das wir „Hölle" nennen.
Wenn Gott, der barmherzige Vater, alles – und damit auch die menschliche Freiheit – geschaffen hat, dann gehört auch die „Hölle" zu dem von ihm ursprünglich Geschaffenen. Wenn der Vater den Sohn in die Welt sendet, um statt zu richten zu retten, dann muss er ihn als den Menschgewordenen auch in die „Hölle" einführen.

Versuche während deiner Betrachtung die „Hölle" nicht als Ort ewiger Verdammnis und als ewiges Horrorszenarium zu verstehen, sondern als die letzte Folge missbrauchter geschöpflicher Freiheit. Wie Jesus am Karsamstag in den Abgründen des Todes weilte, so vollzieht er auch immer wieder einen geistigen „Abstieg" in die Verlorenheiten der sündigen Herzen. Somit erschließt er allen den Weg zum Himmel.

Zweiter Schritt

Die gesamte Schöpfung hält den Atem an, bevor das Neue beginnt. Der Auferstandene erschien denen zuerst, die ihn glühend liebten. Der Engel am leeren Grab hatte den Frauen mit der Auferweckungs-Botschaft ein überwältigendes Geheimnis anvertraut, das sie aus den Bahnen ihres bisherigen Denkens und Vorstellens gewaltsam herausriss. „Der gekreuzigte und hier begrabene Jesus von Nazaret ist von Gott auferweckt worden und nicht im Grab zu finden. Es ist leer, denn Gott hat Jesus als Lebenden aus dem Grab befreit."
Eine große Freude stieg in ihnen auf, die sich nochmals steigerte, als sie später den Auferstandenen sahen. Keine Erscheinung des auferstandenen Herrn hätte sowohl die Frauen als auch die Jünger auf die Dauer vom Leben Christi überzeugen können, hätten sie nicht einen tiefen Eindruck seiner Person im Herzen besessen. Eine große Freude stieg in ihnen auf, denn sie hatten das Endgültige und Bleibende gefunden – den ewigen Morgen eines Lichtes, das keinen Untergang mehr kennt. Ostern steht für ein Leben, das durch den Tod hindurchgegangen ist. Daher ist der Karfreitag unumgänglich. Wir dürfen ihn niemals vergessen.

Jesus Christus steht immer und immer wieder in den Seelen der Menschen auf, die sich der Wahrheit und dem Leben gegenüber öffnen. Das ist der Osterglaube: Mitten im unbegreiflichen Leid dieser Welt wird uns Hoffnung gewährt, jegliches Leid und alle Karfreitage zu überwinden.
Letztlich ist Ostern unsagbar. Ob wir erst im Augenblick der Erfüllung erkennen, wie nah Christus uns ist?

Die Auferstehung Jesu ist damals wie heute nur im Glauben zugänglich. Da sie sich gänzlich unserem äußeren Blick entzieht, kann sie auch geschichtlich nicht erfasst werden. Mit der Auferweckung Jesu wird sein Hinübergehen in eine neue Existenzform ausgedrückt – eine Existenzform, die den Tod ein für alle Mal hinter sich gelassen hat. An diesem Punkt wird die Geschichte, die wir Menschen schreiben, überschritten.

Die Eucharistie ist das große Zeichen der Auferstehung des Herrn, das Zeichen, an dem wir erkennen, dass der Herr lebt und gegenwärtig ist. Diese Erfahrung kannst du nur machen, wenn du dich auf den geistlichen Weg begibst. Viele in der Welt sehen zwar das Zeichen, doch glauben sie dem Wunder der Auferstehung nicht. Du darfst sicher sein: Wenn du dich auf den Weg zu Jesus Christus begibst, wird er dir seine geistige Gegenwart nicht verweigern.

Da Gott mit der Auferstehung Jesu, der den Tod besiegte, einen neuen Anfang gesetzt hat, wirst auch du deinen Schmerz besiegen und den Tod annehmen – im Wissen, dass die Dunkelheit niemals das letzte Wort behält, sondern überleitet zur Wiederkehr des Lichtes. Besonders in den Zeiten, in denen es dunkel um dich ist, weißt du, wer dich am Ende deines dunklen Weges erwartet. Wenn auch Christus, der Auferstandene, die Nacht nicht aufhebt, die du durchschreiten musst, so erleuchtet er sie doch.

Der Osterglaube behebt zwar nicht den Schmerz der Welt, wie wir es uns wünschen, doch ist es ein Glaube, der zu trösten weiß und eine berechtigte Hoffnung auf ein neues Leben schenkt. Es ist ein Glaube, der uns erfahrbar werden lässt, dass etwas in unserer Person für alle Zeiten unzerstörbar ist.

Dritter Schritt

Christus gibt uns nicht nur den Auftrag, das Reich Gottes in uns selbst zu suchen. Er bittet uns auch, in alle Welt hinauszugehen.

So wie du von Gott gesegnet bist und dir eine Aufgabe zugewiesen wurde, so solltest du auf andere zugehen, um sie zu segnen. Lege ihnen die Hände auf und lass sie deine Nähe spüren. Wisse, dass im Segen, den du weitergibst, Heil liegt. Lass andere an deinem Gottvertrauen teilhaben und gewähre ihnen einen Schutzort der Geborgenheit. Schenke ihnen das Gefühl und die Sicherheit, in ihrem ganzen Dasein angenommen zu sein.

Sieh es als deine Aufgabe an, die Erde wieder mit dem Himmel zu verbinden. Wir blieben für immer Gefangene dieser Erde, hätten wir den Ausblick zum Himmel nicht. Jesus Christus ist vom Himmel in unser menschliches Dasein hinabgestiegen. Er hat unserer Menschennatur in Gott Raum gegeben, sie neu in Gott verankert und beheimatet. Gerade uns und dieser Erde in ihrer Zerrissenheit und Dunkelheit gilt die Verheißung Gottes. Ohne den Himmel gerät die Erde, die menschliche Gemeinschaft und die gesamte Schöpfungsordnung, aus dem Gleichgewicht.

Lass auch du dich – wie die Jünger und Jüngerinnen Jesu ab dem Tag seiner Himmelfahrt – vom Himmel und der Liebe tragen, damit du zum Hoffnungsträger in unserer Welt wirst.

Findest du in Bedrängnis durch deinen Glauben Auswege, die in die Freiheit führen?

Hegst du eine verschlossene Welt in dir? Wer oder was vermag diese zu öffnen?

Bist du in der Lage, auf andere Menschen zuzugehen, um sie zu segnen? Wie sieht dieser „Segen" aus?

Gibt es einen Menschen in deinem Leben, mit dem du offen über alles reden kannst?

Der Tod wird durch die Auferstehung Jesu zu einer Brücke in die Unendlichkeit. Versuche unter diesem Aspekt deine bisher zweiwöchigen Exerzitien zu betrachten.

4. Stille und Gebet

Lass beim Ausatmen alle Anspannung los. Gib im Schulterbereich nach. Sprich innerlich beim Einatmen „Atme in mir" und beim Ausatmen „du Heiliger Geist". Wiederhole ungefähr zehn Minuten in deinem Atem-Rhythmus den Anfang des Gebetes „Atme in mir, du Heiliger Geist", welches dem hl. Augustinus zugeschrieben wird. Nimm wahr, wie das Gebet sich an deinen Ein- und Ausatem legt und es wie von selbst in dir atmet, ohne dass du mit deinem Willen lenkend eingreifst.

Herr Jesus Christus, wie klar zeigst du mir,
dass du eines Wesens mit dem Vater bist.
Deutlich spüre ich deine Liebe, die du zu mir trägst.

Du bist Gottes Sohn
und setzt dich für mich in dieser Welt ein.
So geschehe im Himmel, was du auf Erden
gesprochen hast.

Sei gepriesen, Herr, denn du möchtest mir
immer und überall Gutes erweisen.

5. Psalmen-Gebet
am Abend

Sei mir gnädig, o Gott, sei mir gnädig;
denn ich flüchte mich zu dir.
Du bist meine Zuflucht,
und alles Unheil wird vorübergehen.

Ich rufe zu Gott, dem Höchsten,
zu Gott, der mir beisteht.
Er sende mir Hilfe vom Himmel;
er sende mir seine Huld und Treue.

Erheb dich über die Himmel, o Gott!
Mein Herz ist bereit,
ich will dir singen und spielen.
Wach auf, meine Seele!

Wacht auf, Harfe und Saitenspiel!
Ich will das Morgenrot wecken.
Ich will dich vor den Völkern preisen, Herr,
dir vor allen Menschen lobsingen.

Denn deine Güte reicht, so weit der Himmel ist,
deine Treue, so weit die Wolken ziehn.
Erheb dich über die Himmel, o Gott;
deine Herrlichkeit erscheine über der ganzen Erde.

Psalm 57,2–4.6a.8–12

Dritte Woche
Exerzitien im Alltag

Diese Woche dient dazu, dich in das innere Gebet, das Gebet der Hingabe, einzuführen. Du bist bisher den Weg über das mündliche Gebet, über größere Selbsterkenntnis, über die Übungen zur Leib- und Seelsorge und über die Betrachtungen gegangen. Das innere Gebet ist die Vollendung einer jeden Betrachtung. Daher werden in dieser dritten Woche der „Exerzitien im Alltag" keine neuen Inhalte zur Betrachtung mehr gegeben. Es wird ein Stillwerden eingeübt, das in ein Schweigen vor Gott führt.

Petrus von Alcántara beschreibt diesen Weg des inneren Gebetes durch klare, verständliche und leicht nachvollziehbare Anweisungen.

Dritte Woche Montag
Einübung in das innere Gebet

1. Gebet

Mein Herr und mein Gott,
nimm alles von mir, was mich hindert zu dir.

Mein Herr und mein Gott,
gib alles mir, was mich fördert zu dir.

Mein Herr und mein Gott,
nimm mich mir
und gib mich ganz zu Eigen dir.
Niklaus von Flüe (1417–1487)

2. Übung
zur Leib- und Seelsorge
„Bereite dich zum Gebet"

Setze dich bequem. Neige dich ein wenig vor und mache ein Kreuzzeichen.

Baue vom Becken aus die gerade Haltung wieder auf. Spüre die Wirbelsäule und ziehe sie ein wenig nach oben. Trage deinen Kopf aufrecht.

Nimm das Kinn etwas zurück, damit Nacken und Wirbelsäule eine Gerade bilden.

Dein Blick ruht auf einem Punkt in etwa einem Meter Abstand auf dem Boden.

Spüre die Schwerkraft im Becken und gehe in eine leichte Pendelbewegung nach vorn und zurück, bis du deine Mitte gefunden hast.

Nimm wahr, wie es von selbst in dir atmet. Lass die Ausdehnung des Zwerchfells kommen und wieder gehen. Tue nichts.

Gehe nun deinen Körper von den Füßen bis zum Kopf durch. Lass dich im Ausatmen los – besonders da, wo du erhöhte Anspannung fühlst.

Lass die Wirbelsäule in ihrer rechten Spannung; sacke nicht zusammen.

🗝 Nimm dein Gebet oder deine Meditation auf. Achte nicht mehr auf deinen Körper und seine Atmung.

🗝 Komme am Ende aus der Stille heraus, indem du Kopf, Hände und Finger ein wenig bewegst und dich dann, wie am Anfang, verneigst.

Wirkung

Der Übergang von der Aktivität und eventuell von deinen vielen Gedanken in das schweigende Dasein vor Gott wird dir durch diese Grundübung wesentlich erleichtert. Du kannst dich besser sammeln und erfährst ohne Einwirkung deines Willens – wie von selbst – tiefere Ruhe für Körper, Geist und Seele.

Religiöser Bezug

„Doch er (Jesus) zog sich an einen einsamen Ort zurück, um zu beten." *(Lukas 5,16)*

„Meine Augen sollen jetzt für das Gebet an diesem Ort offen sein, und meine Ohren darauf achten."
(2. Chronik 7,15)

„Dort kniete er (Daniel) dreimal am Tag nieder und richtete sein Gebet und seinen Lobpreis an seinen Gott, so wie er es gewohnt war." *(Daniel 6,11b)*

3. Einübung
in das innere Gebet

Jesus Christus hat uns in der zweiten Exerzitien-Woche teilnehmen lassen an seinem Gebet der Hingabe. Wiederholt betete Jesus im Garten Getsemani: „Nicht mein, sondern dein Wille geschehe."

Im inneren Gebet weichen die mündlichen Gebete und die Betrachtung einem Gebetswort oder einem Stoßgebet, das du verinnerlichst und dann nur noch mit dem Herzen sprichst.

Du kannst auch den Namen Gottes anrufen und dich seiner Führung überlassen. Dieses innere Gebet wird auch „Gebet der Hingabe" genannt. Wiederhole sanft die Anrufung seines Namens oder dein Gebetswort. Spürst du, dass Gedanken aufkommen und dich aus der Ruhe bringen, nimm ohne Anstrengung das Gebet erneut auf.

Wähle dir aus der Tradition der frühen Wüstenväter ein Gebetswort, wenn du bisher noch kein eigenes hast:

Herr Jesus Christus, Sohn Gottes, erbarme dich meiner
Herr Jesus Christus, Sohn Gottes, erbarme dich unser
Gott, komm mir zu Hilfe. Herr, eile mir zu helfen
Herr Jesus Christus, erbarme dich meiner
Herr, Sohn Davids, erbarme dich meiner
Herr Jesus Christus, erbarme dich unser
Jesus Christus, erbarme dich meiner
Jesus Christus, erbarme dich unser
Herr Jesus Christus, Sohn Gottes
Jesus, Messias, Sohn Gottes
Jesus Christus, Sohn Gottes
Herr, erbarme dich meiner
Herr, erbarme dich unser
Herr Jesus Christus
Herr, erbarme dich
Komm, Herr Jesus
Jesus Christus
Christe eleison
Kyrie eleison
Herr Jesus
Maranatha
Jesus, du
Immanuel
Christos
Adonai
Jesus
Abba

Durch die Anrufung Gottes – dein Gebetswort, das du gewählt hast – richtest du deine Aufmerksamkeit auf ihn. Wiederhole diese Anrufung innerlich ohne Anstrengung und Erwartung einige Male. Spürst du, dass deine Gedanken umherschweifen, gehe einfach und leicht zu deinem Gebetswort zurück. Schließe während des Betens möglichst die Augen und beende das innere Gebet nach einer Viertelstunde. Nimm dir danach genügend Zeit, um deine alltäglichen Akvitäten langsam wieder aufzunehmen.

Hilfreiche Vorbereitungen zum inneren Gebet

Wähle einen ruhigen Ort für dein Gebet, an dem du möglichst ungestört bist. Versuche in der Zeit vorher nicht zu viele Eindrücke in dich aufzunehmen. Sorge für gute und frische Luft in deinem Gebetsraum. Die äußere Gebetshaltung ist dir überlassen. Empfehlenswert für Wirbelsäule und Kopf ist die Aufrechte. Nimm eine dir angenehme unverkrampfte Haltung ein. Zwinge dich zu nichts. Einige bevorzugen es zu stehen; andere lieben es am Boden zu sitzen, um eng mit der Erde Kontakt aufnehmen zu können. Es gibt Menschen, die während ihres Gebetes gern knien, die meisten jedoch nehmen eine bequeme sitzende Haltung ein.

Beginne mit einem Kreuzzeichen und richte durch eine kurze Anrufung Gottes deine Aufmerksamkeit auf ihn. Wiederhole diese Anrufung einige Male – besonders, wenn deine Gedanken in eine andere Richtung ziehen und dich von deinem Vorhaben ablenken. Deine vielleicht noch zerstreuten Seelenkräfte kommen somit langsam zur Ruhe. Richtest du dich immer wieder zuerst gedanklich und dann innerlich auf Gott und seine Gegenwart aus, nehmen deine Unruhe und deine vielen umherschweifenden Gedanken ab.
Überfällt dich beim Gebet Müdigkeit, gib ihr nach. Von selbst wirst du nach kurzer Zeit wieder frisch sein. Versuche beim Morgengebet alle Gedanken und Gefühle, die sich auf den bevorstehenden Tag beziehen, an Gott abzugeben. Lege ebenso beim Abendgebet die

Gedanken an den vergangenen Tag und die vielen Eindrücke in seine Hände.

Das Wesen des inneren Gebetes besteht nicht nur im Nicht-Sprechen und im Schließen des Mundes. Indem du dein Gebetswort innerlich sprichst und dich gleichzeitig auf Gott hin ausrichtest, geschieht ein Aufmerken deiner Seele. Achte nicht auf das Wort selbst, sondern lasse schweigend geschehen, was geschehen möchte. Während des Gebetswortes bewusst an etwas anderes zu denken, ist ein Hemmnis. Bedenke, wen du mit deinem Gebet ansprichst, und bedenke, wer es ist, den du anrufst und um etwas bittest.

Zu dir, unserem Vater, nehmen wir unsere Zuflucht
und bitten dich: Führe uns nicht in Versuchung.
Und wenn sie an uns herantritt, so führe uns
in der Versuchung und gib uns Geleit.
Wie oft habe ich sie nicht rechtzeitig erkannt.

Daher rufe ich deinen Namen und dich um Hilfe an.
Schenke mir größere Sicherheit im Erkennen
widergöttlicher Kräfte.

Dritte Woche Dienstag
Inneres Gebet – Erste Erfahrungen

1. Gebet

Wort Gottes, dessen Macht und Ruf
im Urbeginn die Welt erschuf.
Du bist der Anfang und das Ende.

Der Himmel und die ganze Welt
sind deiner Hoheit unterstellt.
Du bist der Zeiten Lot und Wende.

Die Weisheit baute sich ein Haus,
darin spricht Gott sich selber aus,
und dieses Wort hat uns getroffen.

Nun ist die Welt nicht mehr so leer,
nicht mehr die Last so drückend schwer:
Der Weg zum Vater steht uns offen.

Hymnus aus dem Stundenbuch

2. Übung
zur Leib- und Seelsorge „Öffne dein Bewusstsein"

Diese sehr wichtige Übung kannst du im Sitzen wie auch im Stehen ausführen.

🗝 Nimm mit deinen Füßen Kontakt zum Boden auf – mit der Erde, die dich trägt.

🗝 Sei ganz in deinem Körper anwesend und spüre – von den Füßen beginnend – deine Knie, das Becken, die Wirbelsäule, den Schultergürtel, deinen Hals und den Kopf.

🗝 Gehe in die Aufrechte und nimm deinen Kopf als Verlängerung der Wirbelsäule wahr.

🗝 Öffne in deiner Vorstellung dein Scheiteldach, so wie die Fontanelle bei einem Säugling geöffnet ist. Denke an einen Trichter, der immer weiter und breiter wird.

🗝 Spüre die Luft über dir, die Decke und das Dach des Hauses. Gehe weiter und stelle dir das Universum vor, dessen Teil du bist.

🗝 In dieser Öffnung auf das Unendliche hin kannst du darum bitten, dass der Wille Gottes an dir geschehe – oder einfach nur einige Minuten schweigen im inneren Gebet.

🗝 Komme langsam zurück in deinen Körper und aktiviere ihn, indem du bewusst tief aus- und einatmest. Reibe kräftig deine Hände, so als ob du sie waschen wolltest.

Wirkung

Du sprengst Grenzen und Vorurteile, die dich gefangen halten. Deine Sichtweise und dein Bewusstsein weiten sich, so dass du dir und anderen gegenüber toleranter wirst. Du fühlst dich als Teil der Schöpfung und trittst – ohne dass dein Ego störend im Mittelpunkt steht – mit Wesentlichem in Verbindung. Der Schöpfer, der in dir anwesend sein möchte, kann dir in dieser Offenheit seinen Willen und seine Liebe kundtun.

Religiöser Bezug

„Da brachten einige Männer einen Gelähmten auf einer Tragbahre. Sie wollten ihn ins Haus bringen und vor Jesus hinlegen. Weil es ihnen aber wegen der vielen Leute nicht möglich war, ihn hineinzubringen, stiegen sie aufs Dach, deckten die Ziegel ab und ließen ihn auf seiner Tragbahre in die Mitte des Raumes hinunter, genau vor Jesus hin."
(Lukas 5,18–19)

3. Inneres Gebet:
Erste Erfahrungen …

Setze dich bequem, schließe die Augen und lege alle Anspannung in den Ausatem. Nimm innerlich dein Gebetswort auf und wiederhole es ohne Anstrengung und Konzentration. Schenke aufkommenden Gedanken weder Aufmerksamkeit noch Beachtung. Kehre immer wieder zu deinem Gebetswort zurück und gib ihm während der Zeit des inneren Gebetes den Vorrang.

Beende nach ungefähr 15 Minuten das innere Gebet und bringe dann deine persönliche Bitte aus tiefstem Herzen vor. Durch die wiederholte Anrufung seines Namens stellst du Gott in den Mittelpunkt deines Gebetes und richtest dich damit – dich selbst vergessend – ganz auf ihn aus. Du kommst in ein immer tiefer werdendes Schweigen und nimmst dabei mehr und mehr die Haltung eines Empfangenden ein. Dies ist die größte Hingabe, die es gibt.

Abraham hat diese Hingabe durch das Opfer seines Sohnes Isaak gezeigt. Am Beginn des Christus-Ereignisses spricht Maria die Worte: „Mir geschehe, wie du gesagt hast." Jesus lehrt später diese Hingabe in der dritten Vaterunser-Bitte. Er durchlebt und durchleidet sie am Ölberg und am Kreuz.

Durch Hingabe im inneren Gebet können dich der Wille und die Gnade Gottes am besten erreichen. Hingabe schafft Rettung. Wenn du im inneren Gebet Gott als den Schöpfer oder Jesus Christus als den Heiland der Welt anrufst, dann ver-lasse dich vertrauend und willenlos auf ihn. Er kann nur etwas unendlich Gutes mit dir vorhaben. Gestärkt durch seine Gabe kannst du dann mit neuer Willenskraft deine Aufgaben im Alltag wieder angehen.

Rufst du als Gebet den Namen Gottes an und öffnest dich ihm ganz in Hingabe ohne etwas für dich zurückzubehalten, vollbringst du das Opfer, das Gott am wohlgefälligsten ist. Er wird die Bindungen an dich selbst, deine Fesseln, lösen. Du stehst als Empfangender im Schweigen vor ihm – dich innerlich wie ein Kelch oder eine große geöffnete Schale fühlend. Durch die Anrufung seines Namens stellst du ihn in den Mittelpunkt deines Gebetes und richtest dich damit – dich selbst vergessend – ganz auf Gott aus. Dies ist die größte Hingabe, die es gibt.

Durch Hingabe oder Aufopferung dessen, was du bist und was du am liebsten hast, können dich der Wille und die Gnade Gottes am besten erreichen und deine Innerlichkeit und dein Leben mit noch Größerem bereichern als das, was du hingegeben hast.

Deine persönliche Bitte aus tiefstem Herzen

Am Ende des inneren Gebetes kann eine Bitte stehen, die du nur in einem einzigen Wort ausdrücken solltest. Als Betende bleiben wir Bittende und Empfangende. Im Gebet der Hingabe wirst du für Leib und Seele tiefere Ruhe erfahren haben. Sprich nun innerlich – leise und mehr wie ein Hauch – deine auf den Schöpfer gerichtete Bitte. Nachdem du das Wort, ohne es auszusprechen, in dir zum Klingen gebracht hast, verweile einige Augenblicke und wiederhole es mehrmals. Je nach der Zeit, die du hierfür einplanst, kannst du nacheinander mehrere Bitten vor den Herrn bringen. Bleibe in deiner Ruhe. Wende innerlich einen kleinen geistigen Impuls auf, indem du das Ein-Wort-Bitt-Gebet nicht denkst, sondern fühlst. Lass das Wort in dir ausschwingen, bis es seinen Weg gefunden hat und Stille in dir zurückbleibt.

Achte bei diesem sehr subtilen Bitt-Gebet genau auf diese Hinweise, damit auch du die guten Erfolge dieser alten Gebetstradition erfahren kannst. Fühle und horche in dich hinein, um deine eigenen Gebetsanliegen zu finden, die du dann in einem Wort zum Ausdruck bringen kannst.

Einige Beispiele möchten dich ermutigen, diese einfache Gebetsweise einzuüben.

- Gott möge die Kraft seines Heiligen Geistes in dir erneuern. Dein Gebetswort: *Heiliger Geist.*
- Dein Wunsch nach Einsicht und Erleuchtung: *Inneres Licht.*
- „Gott sei uns gnädig und segne uns" (Psalm 67,2): *Segen.*
- Gott die Ehre geben und danken für die Schönheit seiner Schöpfung: *Herrlichkeit.*
- Bitte um größere Einfühlsamkeit in andere Menschen und in die Wahrheit: *Intuition.*
- Du möchtest eine freundschaftliche Verbindung zu einem Menschen, zur Schöpfung und dem Schöpfer aufbauen: *Freundschaft.*
- Bei Krankheit und Schmerzen gehe mit deiner Aufmerksamkeit in die entsprechende Körperregion: *Gesundheit.*
- Dein Wunsch, verständnis- und liebevoller zu werden: *Barmherzigkeit.*
- Du möchtest tieferen Zugang zum wahren Gebet finden und hierfür Blockaden in dir abbauen: *Hingabe.*
- Deine diffusen und widerstreitenden inneren Kräfte mögen sich beruhigen – ebenso die zerstörerischen Kräfte in der Welt: *Friede.*
- Bist du abhängig von Menschen oder Dingen und fühlst dich unfrei: *Befreiung.*
- Dass die Verstorbenen, die du gekannt und geliebt hast, in der Herrlichkeit Gottes ewiges Leben finden: *Ewigkeit.*

Nimm im Rückblick dein vergangenes Leben wahr und bedenke deine augenblickliche Situation. Du wirst feststellen, was dir fehlt und worum du bitten solltest: *Vergebung, Verzeihung, Beständigkeit, Gemeinsamkeit, Harmonie, gute Gedanken, Klugheit, Kreativität, Glaube, Hoffnung und Liebe, Gottverbundenheit, Geduld und Weisheit* …

4. Fragen und Gebet

- Hast du bemerkt, dass die Gedanken von selbst kommen und schwinden, wenn du sie nicht festhältst?
- Ist dir klar geworden, dass ein wesentliches Element des inneren Gebetes (die „Armut des Geistes") darin besteht, keinen Gedanken festzuhalten – weder einen guten noch einen schlechten?
- Gab es während des Betens Momente tiefer Ruhe?
- Hattest du das Gefühl von Gelöstheit?

Wer bist du, dem ich alles zu verdanken habe,
der die Finsternis in mir erhellt
und der das Herz erweicht,
das vorher hart wie Stein war?

Wer ist es, der quellendes Wasser spendet,
wo nichts als Trockenheit herrschte?
Wer weckt die Sehnsucht in mir
und gibt mir den Mut, den geistlichen Weg zu gehen?

Dritte Woche Mittwoch
Inneres Gebet – Praktische Hinweise

1. Gebet

Du Gott des Lichts, dem Vater gleich,
du Licht, dem unser Licht entspringt,
du ew'ger Tag: hör unser Flehn,
das aus der Nacht zum Himmel dringt.

Entreiße uns der Finsternis
und aller Angst der Erdennacht,
streif ab von uns die Müdigkeit,
die uns zum Guten träge macht.

Du, Christus, bist das Licht der Welt,
der Gott, dem gläubig wir vertraun,
auf den im Dunkel dieser Zeit
wir alle unsre Hoffnung baun.

Aus ganzem Herzen preisen wir
dich, Christus, Herr der Herrlichkeit,
der mit dem Vater und dem Geist
uns liebt in alle Ewigkeit. Amen.

Hymnus aus dem Stundenbuch

2. Übung
zur Leib- und Seelsorge
„Setze dich aufrecht"

🗝 Wähle eine Sitzgelegenheit, bei der dein Becken höher ist als deine Knie, so dass du ungehindert in die Tiefenatmung gehen kannst.

🗝 Setze dich langsam und mach es dir bequem.

🗝 Wenn deine Beine und deine Hände ihre Lage gefunden haben, setze dich auch „innerlich", um den Platz, auf dem du sitzt, auch wirklich zu be-sitzen.

🗝 Lege, soweit es dir möglich ist, deine Anspannung in die Ausatmung und gib sie somit ab.

🗝 Begib dich langsam in die Aufrechte – so, als wolltest du mit dem Gesäß die Erde eindrücken und mit dem Kopf den Himmel berühren.

🗝 Du kannst einige Minuten in dieser Haltung bleiben.

🗝 Beende die Übung oder beginne in dieser Sitzhaltung mit deinem Gebet oder deiner Meditation.

Wirkung

Wie man sich setzt, so sitzt man. Dein Sitzen ist eine der wirkungsvollsten Haltungen. Es spiegelt deine Einstellung oder dein Selbstverständnis wider. Du identifizierst dich mit deiner Haltung, die du – für andere sichtbar – durch dein Sitzen offenbarst. Körperhaltung und Geisteshaltung sind voneinander abhängig. Im rechten Sitzen erfährst du Ruhe für Körper, Geist und Seele. Gleichzeitig kannst du ohne körperliche Anspannung geistig aktiv sein. Die aufrechte Haltung drückt geistig-seelische Wachheit und dein Selbstbewusstsein aus. Sie wird daher auch als „königliche Haltung" bezeichnet.

Religiöser Bezug

„Da versammelte sich eine große Menschenmenge um ihn. Er stieg deshalb in ein Boot und setzte sich; die Leute aber standen am Ufer. Und er sprach lange zu ihnen in Form von Gleichnissen." *(Matthäus 13,2–3a)*

„Ihm, der auf dem Thron sitzt, und dem Lamm gebühren Lob und Ehre und Herrlichkeit und Kraft in alle Ewigkeit."
(Offenbarung 5,13b)

3. Inneres Gebet:
Praktische Hinweise …

- Nimm möglichst vor dem inneren Gebet nicht mehr so viel Eindrücke in dich auf. Von einer guten Bereitung hängt viel ab.
- Wende dich durch die Wiederholung deines Gebetswortes vom Denken und Wahrnehmen ab und kehre – das geschieht von selbst – in das Innerste deiner Seele ein.
- Nimm die bewusste Gedanken-Aktivität zurück und verzichte auf die Kraft deines Willens.
- Richte dich in den wiederholten Anrufungen immer wieder auf Gott aus.
- Lass alles zu, was sich von selbst einstellt. Kehre jedoch ruhig und sanft zu deinem Gebetswort zurück, wenn du bemerkst, dass du es verlassen hast.
- Jedes Eingreifen deinerseits – und sei es in noch so guter Absicht – verhindert, dass sich in dieser Zeit das höhere Gut entfalten kann.
- Meide jegliche Anstrengung und Erwartung. Niemand erwartet etwas von dir und du musst nichts leisten.
- Lege im inneren Gebet immer wieder deinen Willen in die Hände Gottes.
- Mische dich in nichts ein und nimm dich zurück.
- Lass dich weder durch erhebende Gefühle noch durch Durststrecken täuschen. Setze deinen begonnenen Weg fort.
- Interpretiere nichts. Das Wichtige, das dir vielleicht während des inneren Gebetes einleuchtet, kehrt außerhalb der Gebetszeit von selbst zu dir zurück.
- Es ist empfehlenswert, sich zweimal am Tag für jeweils eine Viertelstunde zum inneren Gebet zurückzuziehen. Möchtest du vorher eine Körperübung machen und einen Text betrachten, so wirst du entsprechend mehr Zeit benötigen.
- Nimm von dir aus keine Veränderungen dieser Gebetsweise vor.

Weitere praktische Hinweise zur Übung des inneren Gebetes

Für Anfänger und alle, die ihr Gebetsleben von Grund auf erneuern möchten, ist es empfehlenswert, sich vorerst an die einzelnen Schritte dieser Gebetsschule zu halten. Diejenigen, die diesen Gebetsweg nicht konsequent gehen, da sie meinen, es besser zu wissen oder sich nur mit halbem Herzen engagieren, geben erfahrungsgemäß nach kurzer Zeit auf. Selbstverständlich ist Jesus Christus und sein Heiliger Geist in allem unser Lehrer und Vorbild. Keine menschliche Weisung oder Gebetsschulung reicht im Entferntesten an das, was Gott selbst uns lehren möchte. Doch können wir – und das ist die Aufgabe dieses Buches – uns vorbereiten und uns für ihn bereiten. Das Wesentliche geschieht nicht durch uns. Es geschieht nach Gottes Vorsehung durch, mit und in ihm.

1. Hüte dich vor geistiger Anstrengung, vor allem vor Grübeleien
Das innere Gebet, das zum Schweigen vor Gott führt, darf niemals von uns eine Anstrengung fordern. Achte darauf, dass alle Stufen, die du durchläufst, weder zu großer Gedanken-Aktivität noch zu Grübeleien führen. Versuche ebenfalls nicht, die verborgenen Geheimnisse zu erforschen. Wisse: Niemand erwartet etwas von dir und du musst nichts leisten. Das innere Gebet möchte eine Sammlung deiner diffusen, nach außen gerichteten Kräfte bewirken und dich zur inneren Einkehr führen. Nichts ist notwendig – weder analytisches Denken noch Schärfe des Verstandes –, um diesen Weg zu gehen.

2. Versuche nicht, willentlich eine religiöse Haltung zu erzwingen
Du nimmst bewusste Gedanken-Aktivität zurück – verzichte ebenfalls auf deine Willenskraft. Lass jegliches Wollen zur Ruhe kommen und erwarte nichts. Eine religiöse Haltung oder gar Gott-Verbundenheit können wir selbst bei größter Anstrengung von uns aus nicht erreichen. Steigere dich ebenso wenig in Gefühle wie Freude, Trauer, Verachtung, Mitleid, Hass, Herzlichkeit, Empörung … Durch bewusst gesteigerte Gefühle trocknet deine Innerlichkeit aus und du wirst

unfähig, wahre Heilsbotschaften zu empfangen. Deine Seele, die sich auf einem lichten und heiteren Weg entfalten möchte, wird weitere Gebetsübungen scheuen, solltest du dich willentlich gesteuert oder gewaltsam dem inneren Gebet nähern. Wichtig allein ist die religiöse Ausrichtung. Alles Weitere geschieht von selbst, wenn du dich nicht einmischst. Wie willst du sonst während des inneren Gebetes tiefe Ruhe und Schweigen erfahren?

3. Ruhevolle Wachheit tritt ein, wenn das innere Gebet sich vertieft
Die Gedanken klingen langsam aus und du hast das Gefühl von Leichtigkeit. Bist du mehr und mehr darin geübt, alles loszulassen und hinzugeben, spürst du einen Zustand großer Wachheit. Dein Herz kann sich – gleich deiner Seele – erheben. Losgelöst von allen irdischen Dingen trittst du nun im inneren Gebet in das Schweigen ein, das Gott, den unbewegten Beweger, umgibt. Sobald du jedoch beginnst, bewusst Gedanken aufzunehmen und sie willentlich zu steuern, verlässt dich die ruhevolle Wachheit und du bist nicht mehr aufnahmefähig für die göttlichen Impulse.

4. Sei gelassen und hab Geduld, wenn die erhoffte
  Gott-Verbundenheit nicht sofort spürbar wird
Alle großen Beter, Gottesfreunde und Mystiker haben uns gelehrt und lehren es durch ihr Beispiel immer wieder: Hege keine Erwartungen, sei gelassen und geduldig. Sei nicht mutlos – du kennst weder den Tag noch die Stunde, in der dich der Herr mit seinen Gaben überreich beschenkt. Es gibt selbstverständlich Durststrecken und Dürrezeiten, die es auszuhalten gilt. Wird die Gottesferne größer und für dich zu einer nahezu untragbaren Last, hole dir Rat bei einem Menschen, der mit den Höhen und Tiefen sowohl des Lebens als auch dieses Gebetsweges vertraut ist.

5. Lass dich nicht täuschen durch vorübergehende Gefühle.
  Wie viel Zeit du für das innere Gebet aufwenden solltest
Viele Menschen lassen sich gern durch erhebende Gefühle täuschen, besonders wenn sie während der Gebetszeit auftreten. Sei äußerst

vorsichtig und interpretiere weder Trauer noch Freude vorschnell als Zuwendung Gottes.

Für das innere Gebet benötigst du ungefähr eine Viertelstunde. Erfahrungsgemäß vergeht die Zeit sehr schnell, besonders dann, wenn du den dir gemäßen richtigen Einstiegswinkel gewählt hast. Dazu gehören deine Bereitschaft, deine Motivation, der Ort, an dem du betest, die Tageszeit, die Erfüllung deiner Pflichten, deine Befindlichkeit … Bedenke, wie viel Zeit wir am Tag mit Geschwätz verbringen oder die Zeit mit unwesentlichen Dingen ausfüllen.

Finde selbst heraus, welcher Zeitpunkt am Tag für dich am geeignetsten ist. In den Morgenstunden bist du durch die Eindrücke und Anstrengungen des Tages noch nicht so belastet wie am Abend. Andererseits steht dir der Tag mit seinen Anforderungen noch bevor. Viele Menschen bevorzugen es, sich erst am Abend, nach vollbrachter Arbeit, zum Gebet zurückzuziehen. Empfehlenswert ist es jedoch, sich zweimal täglich für je fünfzehn Minuten dem inneren Gebet hinzugeben.

6. Du kannst sowohl innerhalb des Gebetes als auch außerhalb der Gebetszeit besondere Zuwendungen erfahren

Durch das innere Gebet wachsen dir die verschiedensten Kräfte zu – zunächst diejenigen, die du am längsten entbehren musstest: Geduld, Ausdauer, geistige Spannkraft, Frieden deines Herzens und deiner Seele, körperliche, geistige und seelische Gesundheit, Durchsetzungsvermögen, Intuition, Liebe zu anderen Menschen und zur gesamten Schöpfung, Hilfsbereitschaft, Zufriedenheit und angemessene Bescheidenheit, Natürlichkeit, Mut, Verständnis für andere und vor allem eine größere Gott-Verbundenheit und Gottes-Liebe.

7. Der Unterschied zwischen der Betrachtung und dem inneren Gebet

Die Betrachtung ist wie ein Aufbruch und ein Suchen, ein Vorstellen und Erwägen der Wahrheit. Während des inneren Gebetes kommst du ganz zur Ruhe und genießt das Gefundene. In der Betrachtung wird die geistig-seelische Speise bereitet und im inneren Gebet verkostest du sie. Die Betrachtung ist der Weg und die Bewegung, das innere Gebet das Ziel des Weges und der Endzweck der Handlung.

Um hierher zu gelangen, gibst du am Ende alle Vorstellungsbilder und alle Gedanken auf. Tiefe Ruhe schenkt sich dir und du bist ohne besondere Betrachtung ganz auf Gott ausgerichtet.

Das Ziel und die Frucht des inneren Gebetes liegen vorerst in der Ruhe für Körper, Geist und Seele. Das Endziel jedoch ist ein Empfangen der Liebe Gottes und eine Gott-Verbundenheit, die uns auch außerhalb des Gebetes nicht mehr verlässt.

Am Ende dieser praktischen Hinweise sei auf eine Vorsichtsmaßnahme aufmerksam gemacht, die dir helfen möchte, dich nicht zu verlieren. Die Grenzen, die uns in dieser Welt und Zeit auferlegt sind, müssen wir annehmen und willig zu ihnen zurückkehren, wenn wir in Gott Entgrenzung erfahren haben. Wenn du übertreibst und deine Gesundheit und deine Seele Schaden nehmen, der sich eventuell noch auf andere Menschen auswirkt, gebietet es dir die Liebe und die Nächstenliebe, eine Veränderung auf deinem geistlichen Weg vorzunehmen. Passe dein geistliches Fortschreiten deiner sonstigen Gangart an. Die Gefahr besteht nämlich, durch gute spirituelle Erfahrungen unersättlich zu werden und mit allen Mitteln zu versuchen, den geistigen Weg zu beschleunigen.

Damit du nicht Schaden an deiner Gesundheit und deiner Seele nimmst, sei dir deiner inneren und äußeren Grenzen bewusst und fordere nichts heraus.

4. Fragen und Gebet

- Verging die Zeit während des inneren Gebetes für dich schnell, normal oder langsam?
- Hattest du das Gefühl von Leichtigkeit, von Befreiung?
- Spürtest du eine größere Stille in dir?
- Kam es vor, dass du dir deines Körpers und der Umgebung nicht bewusst warst?
- Stellst du nach dem inneren Gebet eine größere Klarheit deiner Gedanken fest?

Herr, kann ich gewiss sein,
dass ich dich liebe?
Lass es mich erfahren und wissen,
ob mein Tun dir angenehm ist.

Befreie mich von allem,
was mich hindert auf dem Weg zu dir.
Erlöse mich von allem Bösen
und führe mich dorthin,
wo alles Gute zu finden ist.

Dritte Woche Donnerstag
Inneres Gebet –
Was dich erwartet

1. Gebet

Jesus, Sohn Davids, erbarme dich meiner.
Erleuchte du meine Augen,
dass ich den Weg zu dir finde.

Mach du meine Schritte fest,
dass ich vom Weg nicht abirre.

Öffne du meinen Mund,
dass ich von dir spreche.

Du willst, dass ich meine Mitmenschen liebe.
Lass mich ihnen so dienen,
dass sie ihr Heil finden
und in deine Herrlichkeit gelangen.
Alkuin (730–804), Lehrer am Hof Karls des Großen

2. Übung
zur Leib- und Seelsorge „Gewinne Kraft und neue Lebensenergie"

Zu dieser Übung, die ungefähr zehn Minuten dauert, kannst du eine für dich Ruhe ausstrahlende Musik einschalten.

🗝 Setze oder lege dich bequem. Schließe die Augen. Du musst nichts leisten. Lass die Gedanken kommen und gehen – hänge ihnen jedoch nicht nach.

🗝 Gehe mit deinem Bewusstsein in deinen Körper und nimm ihn wahr. Beginne bei deinen Füßen und steige auf bis in den Kopf.

🗝 Stelle dir einen Ort vor, an dem du dich wohlfühlst und dich gut entspannen kannst. Wähle diesen Ort aus deiner Fantasie oder deiner Erinnerung.

🗝 Nimm die Bilder an, die in dir aufsteigen. Achte auf die Geräusche, die Gerüche, die Farben … und genieße diese Zeit. Nimm von der Energie und Ruhe dieses Ortes so viel wie möglich in dich auf.

🗝 Beende die Übung in folgender Reihenfolge: Halte die Augen geschlossen, atme tiefer aus und ein und lass beim Ausatmen neue Lebensenergie in deinen Körper strömen. Balle deine Hände zu Fäusten und öffne sie wieder. Beuge deine Arme in den Ellenbogen und recke und strecke dich dabei.

🗝 Öffne die Augen und lasse dir Zeit, in deiner Gegenwart richtig anzukommen.

Wirkung

Besonders in belasteten Zeiten kannst du dir dank der Erinnerung Hoch-Zeiten vorstellen. Wenn du dich innerlich an die entsprechenden Orte begibst, gewinnst du Ruhe und neue Lebensenergie, um deine augenblickliche Lebenssituation besser zu meistern. Du weißt, dass du jederzeit an diesen Ort der Ruhe und der Kraft zurückkehren kannst.
Du solltest die Übung nicht nur in Krisenzeiten anwenden, sondern sie häufig wiederholen, um Krisenzeiten zu vermeiden.

Religiöser Bezug

Die traurigen und allein gelassenen Jünger gehen nach dem Tod Jesu nach Galiläa und erleben innerlich noch einmal zusammen mit dem Auferstandenen den galiläischen Frühling. Der Engel sagte zu den Frauen am leeren Grab: „Geht schnell zu seinen Jüngern und sagt ihnen: Er ist von den Toten auferstanden. Er geht euch voraus nach Galiläa, dort werdet ihr ihn sehen." *(Matthäus 28,7)*

„Erinnert euch an das, was er euch gesagt hat, als er noch in Galiläa war." *(Lukas 24,6)*

3. Inneres Gebet:
Was dich erwartet ...

Nimm, wie du es in den drei vorhergehenden Tagen bereits geübt hast, eine bequeme Sitzhaltung ein und schließe die Augen.
Wenn sich dein Gebetswort nicht von selbst einstellt, gehe du zu ihm und wiederhole es innerlich. Gib ihm keinen Rhythmus und halte es nicht fest, wenn es „leiser" wird oder ganz schwindet. Gehe den aufkommenden Gedanken oder Vorstellungsbildern nicht nach, sondern kehre zu deinem Gebet zurück – einfach und sanft, ohne dich dabei anzustrengen.
Meide jegliche Konzentration und bewusste Gedankenführung. Lass geschehen, was geschehen möchte. Spürst du, dass dein Gebetswort nicht bei dir ist, nimm es erneut und erneut auf und lass es wieder verhallen wie ein Echo oder den Klang einer Glocke.

Zum inneren Gebet ist es ratsam, dich zurückzuziehen, um ungestört dem Herrn Raum in deiner Seele zu geben. Tue von dir aus nichts als dein Gebetswort innerlich zu wiederholen. So bleibst du in der Ausrichtung auf Gott, wenn du abgelenkt werden solltest. Es ist – in einem Bild gesprochen – wie ein sanftes Anblasen einer Kerze, die zu erlöschen droht. Gib aber besonders auf Folgendes Acht: Würde die Kerze hell brennen, würde sie durch dein Blasen ausgelöscht. Dein Anblasen sollte also ein ganz sanftes sein und nur dann erfolgen, wenn das Licht der Kerze wirklich auszugehen scheint.

Du wirst vielleicht jetzt die berechtigte Frage haben, wie du mit den Gedanken umgehen sollst, die sich immer wieder einschleichen. Dein Inneres möchte in tiefster Ruhe bleiben, während dein aktives Denken wie von selbst störend dazwischentritt. Die Ruhe der Seele behagt deinem Verstand nicht; er möchte aus der Stille ausbrechen und aktiv sein. Wenn die Zeit deines Gebetes noch nicht erfüllt ist, schenke deinen Gedanken einfach keine Beachtung und gib der inneren Ruhe den Vorrang.

Strenge dich also im inneren Gebet nicht an; vor allem aber: Meide jegliches Nachdenken. Lass den Verstand ruhen und verweile einfach in der Stille. Es ist ein Verweilen vor dem Herrn. Wenn du merkst, dass du abgelenkt wirst, rufe ihn wiederholt mit seinem Namen oder einer einfachen Bitte aus deinem Herzen. Viele sagen aus guter Erfahrung, dass diese einfache Art zu beten ihnen große Vorteile gebracht hat:

- Dein Bewusstsein wird von Schlacken und Verkrampfungen gereinigt. Es wird zu einem kultivierten Boden, auf dem weiteres Leben ungehindert reifen und sich entfalten kann.
- Die beiden ersten grundlegenden Ergebnisse sind die Bereitschaft und die Fähigkeit, gut zu handeln.
- Es wird in dir die Voraussetzung geschaffen für das Gelingen des Lebens und die Freude am Leben.
- Du erhältst die Kraft, Dinge zu vollbringen, an die du niemals geglaubt hast.
- Dein Denken wird tiefgründiger, dein Wille stärker und deine Entschiedenheit eindeutiger.
- Du erfährst Freundlichkeit und Liebe und gibst sie an andere weiter.
- Du beginnst, freudig und lebenswahrhaftig deinen Glauben zu praktizieren und sehnst dich danach, an Gottesdiensten teilzunehmen.
- Das innere Gebet reinigt deine Seele und die gesamte Atmosphäre, so dass deine Persönlichkeit reifen und sich zu Höherem entwickeln kann.

Die Entwicklung
einer religiösen Erfahrungsgrundlage

Über allem und in allem ist die göttliche Weisheit verborgen, die in uns zu jeder Zeit und unabhängig von den Umständen, in denen wir uns gerade befinden, zum Durchbruch kommen und greifbar werden kann. Wie der Wind die Wolken zerstreut und die Heiterkeit des Himmels wieder zum Strahlen bringt, so entfernt auch das Wirken des Heiligen Geistes die Erschwernisse, die auf unserer Seele lasten. Nicht selten wird uns dann ein neuer und für uns begehbarer Weg aufgezeigt, der die verborgenen Kräfte der Seele zum Leuchten bringt. Dunkles fällt von uns ab und wir werden befähigt, über uns selbst hinauszuwachsen.

Schwierigkeiten, die sich in den Weg gestellt haben, schwinden und dein inneres Leben – das, was dich wirklich ausmacht – kann sich heilbringend entfalten. Innere Freude und die Fähigkeit, dein Leben im Sinne Gottes zu gestalten und an Gottesdiensten jeder Art lebenswahrhaftig teilzunehmen, beginnen in dir zu wachsen.
Alle, die von ihrem tiefen inneren Gebet aufstehen, verfügen über klarere Gedanken und über eindeutigere Ziele. Sie haben nicht nur den festen Vorsatz, ihr Leben zu verbessern, sondern berichten auch über die Bereitschaft und die Fähigkeit zu guten Werken. Sie geben die Freundlichkeit und die Liebe, die sie im inneren Gebet erfahren haben, an andere weiter. Das Lästige, Beschwerliche oder Tragische des Lebens wird – wenn es unumgänglich ist – bejahend angenommen und ohne Gegenwehr ertragen.
Das Gesagte und von vielen Menschen Erfahrene hat nichts mit einer Euphorie oder einmaligen Empfindungen zu tun, die schnell wieder schwinden und dem rauen Alltag Platz machen. Die guten Auswirkungen dieser religiösen Erfahrungen bilden eine feste und dauerhafte Grundlage.

4. Fragen und Gebet

- Spürst du Augenblicke eines tiefen inneren Friedens?
- Hast du durch deine bisherige Erfahrung mit dem inneren Gebet verstanden oder eine Ahnung erhalten, dass letztlich das Wesentliche nicht geleistet werden muss, sondern geschenkt wird?
- Siehst du mehr Sonne, bist du positiver, heiterer, gelöster?
- Hast du genügend Mut, deine Intuition in die Aktivität umzusetzen?

Herr, lass deinen Willen zu unserem Willen werden.
Gib mir die Kraft, mich zurückzunehmen,
um nicht vorschnell
über die Wege der anderen zu urteilen.
Viele brauchen weder einen Weg zu suchen
noch auszuwählen –
in ihnen atmet bereits dein Heiliger Geist.

Du, Herr, übernimmst die Sorge, dass wir in dem,
was wir tun oder lassen, Fortschritte machen.
Du weißt, wie wir uns dir am schnellsten nähern können.
Führe uns diesen Weg, gib uns ein Staunen
und die Einsicht, dass wir niemals anderen
gegen deinen Willen etwas vorschreiben.

Dritte Woche Freitag
Inneres Gebet – Unterstütze die guten Auswirkungen deines Gebetes

1. Gebet

Beim aufgehenden Morgenlicht preisen wir dich, o Herr,
denn du bist der Erlöser der ganzen Schöpfung.
Schenk uns in deiner Barmherzigkeit einen Tag,
erfüllt mit deinem Frieden.
Vergib uns unsere Schuld.

Lass unsere Hoffnung nicht scheitern.
Verbirg dich nicht vor uns.
In deiner sorgenden Liebe trägst du uns.
Du allein kennst unsere Schwäche.
O Gott, verlass uns nicht.

Ostsyrisches Gebet

2. Übung
zur Leib- und Seelsorge
„Sage Ja oder Nein"

🗝️ Setze dich bequem und spüre deinen Kopf aufrecht als Verlängerung der Wirbelsäule.

🗝️ Führe dein Kinn hinunter bis zur Brust. Hebe langsam wieder den Kopf und lege ihn zurück in den Nacken. Wiederhole die Ja-Bewegung des Kopfes einige Male.

🗝️ Gehe in die Ausgangsstellung und halte deinen Kopf aufrecht. Atme aus und spüre der Bewegung für einen Augenblick nach.

🗝️ Bewege jetzt – wiederum langsam – deinen Kopf so weit nach rechts, bis du die Dehn- und Schmerzgrenze erreichst. Gehe, wenn es dir möglich ist, noch ein wenig darüber hinaus.

🗝️ Drehe nun deinen Kopf über die Mitte nach links und wieder etwas über die Dehn- und Schmerzgrenze hinaus. Wiederhole langsam diese Nein-Bewegung des Kopfes einige Male.

🗝️ Lass die Bewegung deines Kopfes in der Ausgangsstellung zur Ruhe kommen und atme bewusst etwas tiefer aus und ein.

Wirkung

Du empfindest eine angenehme Lockerheit der Hals- und Nackenwirbel. Halsstarrigkeit und Hartnäckigkeit beginnen sich zu lösen.
Mit dieser Übung werden auch Vorurteile abgebaut, so dass sich dir ein weiterer Horizont öffnet.

Religiöser Bezug

„Euer Ja sei ein Ja, euer Nein ein Nein, alles andere stammt vom Bösen." *(Matthäus 5,37)*

„Sprecht euch aus und entscheidet euch hier."
(Richter 20,7b)

„Du sollst entscheiden und nicht ich; was du weißt, das sage an."
(Ijob 34,33b)

„Mach einen Plan, triff eine Entscheidung!"
(Jesaja 16,3a)

3. Inneres Gebet: Unterstütze die guten Auswirkungen deines Gebetes …

Das Wichtigste, um leicht in das innere Gebet hineinzukommen, soll noch einmal kurz zusammengefasst werden:

- Suche dir einen Platz, an dem du möglichst nicht gestört wirst.
- Setze dich bequem und gib im Ausatmen deine Anspannung ab.
- Schließe die Augen und hab keine Erwartung an Kommendes.
- Lass dein bewusstes Denken ruhen. Gehe auch keinem Gedanken nach, der von selbst kommt. Bei diesem Gebet bist du nicht mit dem Verstand tätig.
- Um deine umherschweifenden Gedanken und Kräfte zu sammeln – wenn es nicht bereits von selbst geschieht – richte dich in einer kurzen Gebetsanrufung, die du innerlich wiederholst, auf Jesus Christus aus.
- Schon sehr bald spürst du innere Sammlung und Ruhe, die sich von selbst einstellen.
- In dieser Hingabe an Gott tust du von dir aus rein gar nichts.
- Überfallen dich Gedanken oder eine Unruhe, die dich besetzen, kehre zu deinem Gebetswort zurück und wiederhole es innerlich.
- Schon sehr bald wird sich dir erneut die wohltuende und heilende Ruhe schenken.
- Lass alles geschehen, was geschehen will. Setze dein verstandesmäßiges Denken nicht ein und aktiviere auch deine Wahrnehmung nicht.

Nachdem du – vor den Mahlzeiten und abends nicht zu spät – das innere Gebet ungefähr fünfzehn Minuten lang geübt hast, lies die folgenden Empfehlungen und versuche, sie in deinem Alltag umzusetzen:

- Handle und entscheide aus der Ruhe, die dir aus dem Gebet zuströmt.
- Grenze dich beizeiten ab und lass es nicht zu, dass Unrat in deine Seele fällt.
- Richte dich im Alltag des Öfteren für kurze Augenblicke auf Gott aus.
- Belaste dich nicht durch zu viele Eindrücke.
- Mache nicht das Schicksal anderer Menschen zu deinem eigenen. Hilf ihnen, lass ihnen jedoch die Freiheit, einen anderen Weg zu gehen als du ihn gehst.
- Versuche in allem, was du tust, sprichst, denkst und fühlst, lebenswahrhaftig und aufrichtig zu sein.
- Vermeide ein ständiges Übermaß an Arbeit. Dieses steht der Entfaltung deiner Seelenkräfte im Weg.
- Meide die Literatur und die Sendungen, die dich belasten und unruhig machen.
- Die Übungen zur Leib- und Seelsorge unterstützen deinen inneren Weg. Wende sie vor oder nach deinem inneren Gebet an.
- Unterlasse das innere Gebet nicht aus oberflächlichen und nichtssagenden Gründen; halte regelmäßig die Gebetszeiten ein.

Neun Empfehlungen, durch die du die guten Auswirkungen deines geistlichen Weges unterstützen kannst

1. Bleibe auf dem Weg
Wichtig ist, dass du überzeugt bist von dem, was du übst, und es in einer auf Gott ausgerichteten inneren Haltung vollziehst. Besonders dann, wenn dir nicht alles wie von selbst zuströmt, solltest du Durchhaltevermögen zeigen. Die kostbare Perle kannst du nur finden, wenn du auf dem Weg bleibst.

2. Bewahre dein Herz vor Schaden
Für deine geistliche Entwicklung ist es förderlich, unnützen und nichtigen Gedanken nicht nachzugehen. Ebenso solltest du dich nicht in überzogenen sexuellen Vorstellungen und Wünschen verlieren. Belaste dein Inneres nicht durch zu viele Eindrücke, die du verarbeiten musst. Bewahre dein Herz vor Schaden und triff keine vorschnellen Entscheidungen, die später nur schwer rückgängig zu machen sind. Handle und entscheide aus der inneren Ruhe, die dir aus dem Gebet zuströmt.

3. Kultiviere deine Sinneswahrnehmung
Du allein hast zu bestimmen, was durch die Tore deiner Sinne in dein Bewusstsein gelangt und somit auch deine Seele berührt. Bei vielen Entscheidungen – besonders in der Routine des Alltags – kannst du deinen freien Willen einsetzen und dich für oder gegen etwas entscheiden. Grenze dich beizeiten ab und lass es nicht zu, dass Unrat in deine Seele fällt und dir die Luft zum Atmen raubt. Ziehe dich durch das innere Gebet immer wieder aus der „Welt" für eine kurze Zeit zurück, um Eindrücke zu lösen und neue Kraft für ein tragfähigeres Leben zu empfangen.

4. Suche von Zeit zu Zeit die Einsamkeit
Es ist lebensnotwendig, dich immer wieder aus der Aktivität in die Stille zurückzuziehen. Du kannst die innere Bewegung zum Ausdruck bringen und dich dem hingeben, dessen du am notwendigsten bedarfst: Schlaf, Spiel, Sport, Wandern, Staunen, Betrachten, Musik, Beten, Schreiben oder Denken.
Gönne auch den Menschen, die du lieb hast und mit denen du zusammenlebst, diese so lebenswichtige Zeit der Stille. Zeiten der Einkehr müssen eingehalten werden, damit wir nicht eines Tages durch Schicksalsschläge dazu gezwungen werden.

5. Wende dich ausgewählter geistlicher Literatur zu
Viele gute Bücher regen zur Betrachtung an. Lass dich von ihnen berühren und in eine größere Glaubenstiefe führen. Was du tief in

dein Herz aufgenommen hast, kommt immer wieder in dein Bewusstsein und erfüllt dein Denken und Tun.

6. Richte dich im Alltag des Öfteren für kurze Augenblicke auf Gott aus
Bevor du von einer Arbeit zu einer anderen übergehst, dich in Bewegung setzt, um den Ort zu wechseln, oder dich nach einem anstrengenden Tag zur Ruhe begibst, richte für einen kurzen Augenblick deine Aufmerksamkeit auf den Schöpfer. Du spürst, wie wichtig gerade du bist, um die gebrochene Schöpfungsordnung zwischen Himmel und Erde wiederherzustellen. Gott-Verbundenheit wird und bleibt dir bewusst, so dass dich ein äußeres Geschehen nicht so schnell aus deiner gesunden Mitte bringt.

7. Bleibe zielgerichtet und ausdauernd
Beziehst du das innere Gebet in deinen festen Tagesrhythmus ein und bist beharrlich im Üben, wirst du am ehesten Fortschritte machen. Die Heilige Schrift bezeugt an vielen Stellen: Regelmäßiges Aufnehmen der Stille sowohl zur Morgen- als auch zur Abendzeit begünstigt die Übung des inneren Gebetes.

8. Auch durch körperliche Übungen kannst
   du deinen inneren Weg unterstützen
Achte bei allen dir wohltuenden Körperübungen darauf, dich nicht zu überanstrengen. Du musst nichts leisten. Um in die Ausgewogenheit von Körper, Geist und Seele zu kommen oder in ihr zu bleiben, übertreibe nichts.

9. Nutze deine Fähigkeit, Gutes zu tun
Durch das innere Gebet wird deine Fähigkeit, spontan und gut zu handeln, gefördert. Zögere nicht mit der Verwirklichung, wenn Intuition und Eingebung dir etwas nahe legen. Das innere Gebet führt dich spontan zu richtigem und liebevollem Handeln. Und dieses Handeln wiederum führt zu tieferen Erfahrungen der Wahrheit innerhalb und außerhalb des Gebetes.

Das innere Gebet kann dir helfen, dich von Hindernissen zu befreien, die deinem geistlichen Fortschritt im Wege stehen

1. Überaktivität
Ein ständiges Übermaß an Arbeit, die dich nicht zur eigentlichen Ruhe kommen lässt, steht der Entfaltung deiner Seelenkräfte im Weg. Wie auf den Tag die Nacht folgt, so müssen auf deine Arbeit Ruhephasen folgen. Meine nicht, alles leisten zu müssen. Überlasse Gott vorübergehend auch deine unfertige Arbeit.

2. Unausgesprochene Probleme und Sorgen
Probleme und Sorgen, die zeitweilig jedes Leben begleiten, können zu außerordentlich großen Hindernissen werden, wenn du sie nicht zulässt, nicht aussprichst oder gar verdrängst.

3. Angst, Bitterkeit und übermäßige Trauer
Die geistige Freude des inneren Lebens kann sich bei Angst, Bitterkeit und übermäßiger Trauer nicht entfalten. Der einfache und unbekümmerte Einstieg in das innere Gebet, vor allem das Gebet selbst, heilt Wunden von Enttäuschungen und Bitterkeit des Herzens, unter denen viele Menschen leiden.

4. Gewissensbisse
Die Folge deines falschen Verhaltens ist eine innere Unruhe, die dir immer wieder die gleichen Inhalte vor Augen führt. Wir nennen sie Gewissensbisse, die den Geist beunruhigen, das klare Denken lähmen und teilweise unfähig machen, gut und richtig zu handeln.

5. Unnützes Geschwätz
Viele Menschen sind darauf aus, ständig Neuigkeiten zu erfahren, die sie dann mit Genuss an andere weitergeben. Sie müssen über alles Interne und Externe Bescheid wissen und füllen oft viele kostbare Stunden des Tages mit unnötigem Geschwätz.

6. Ständiges Nachgeben und Befriedigen der sinnlichen Kräfte
Ein übermäßiges Nachgeben, vor allem den sexuellen Kräften, nimmt der Seele den Geschmack an den geistlichen Übungen und lässt sie verkümmern. Wer einzig und allein auf Befriedigung der sinnlichen Kräfte ausgerichtet ist, macht sich selbst unfähig, geistliche Gaben zu empfangen.

7. Unmäßiges und unregelmäßiges Essen und Trinken
Genusssucht in jeglicher Hinsicht läuft deiner geistigen Entwicklung zuwider. Besonders alkoholische Getränke sowie lange und kostspielige Mahlzeiten binden deine Energie, die dir für deinen spirituellen Weg zur Verfügung stehen sollte.

4. Fragen und Gebet

- Hast du bemerkt, dass sich während der Ruhe des inneren Gebetes alte Eindrücke lösen?
- Bekommst du eine Ahnung davon, dass du durch das innere Gebet die leise Sprache des Schöpfers besser wahrnehmen kannst?
- Bist du tragfähiger geworden?
- Bemerkst du eine größere Geistesgegenwärtigkeit und Wachheit an dir?
- Spürst du, nach den Übungen zur Leib- und Seelsorge stärker „geerdet" zu sein?
- Ist dir bewusst, wie lebensnotwendig Zeiten der inneren Einkehr mitten in deinem Alltag sind?

Du hast mich erschaffen und trägst Sorge für mich.
Ich weiß, du bist mein Vater und Freund,
der es unendlich gut mit mir meint.
Ich rufe im inneren Gebet zu dir
und bitte um dein Erbarmen.
Die ganze Schöpfung möge dich preisen,
dich, den Herrn des Himmels und der Erde.
Auch die, die dich verlassen, verlässt du nie.

Du, Herr, weißt, was für mich das Rechte ist.
Du weißt richtig mit mir und den Deinen umzugehen.
Nimm die Liebe von mir an – und sei sie noch so gering.
Und wenn du mich auch durch Täler des Lebens schickst,
so wirst du mir trotzdem das Übermaß
deiner Liebe offenbaren.
Herr, gib mir Worte, deine Werke zu preisen,
wie meine Seele sie erkennt.

Dritte Woche Samstag
Inneres Gebet – Wie du mit Ablenkungen umgehst

1. Gebet

Nimm hin, o Herr, meine ganze Freiheit.
Nimm mein Gedächtnis, meinen Verstand,
meinen ganzen Willen.

Was ich habe und besitze
hast du mir geschenkt.
Ich stelle es dir wieder ganz und gar zurück
und übergebe alles dir,
dass du es lenkest nach deinem Willen.

Nur deine Liebe schenke mir mit deiner Gnade,
und ich bin reich genug
und suche nichts weiter. Amen.
Ignatius von Loyola (1491–1556)

2. Übung
zur Leib- und Seelsorge „Danke deinem Körper"

Du sprichst die Gliedmaßen bzw. Organe des Körpers an, die du zweifach besitzt.

🗝 Setze oder lege dich bequem und schließe die Augen. Nimm deinen gesamten Körper wahr.

🗝 Gehe mit der Aufmerksamkeit in deine beiden Lippen – sei in ihnen präsent. Spüre deine beiden Nasenlöcher, durch die du ein- und ausatmest.

🗝 Nimm deine beiden Augäpfel wahr und erlebe sie als rund in ihren Höhlen. Gehe zu deinen beiden Ohren – vom Außenohr zum Innenohr.

🗝 Führe die Aufmerksamkeit zu deinem Hals. Fühle Speise- und Luftröhre. Gehe tiefer in deinen Körper. Sei gegenwärtig in deinen beiden Lungenflügeln.

🗝 Stelle dir die beiden Herzkammern vor. Erspüre von dort deine beiden Nieren.

🗝 Spüre die beiden Ovarien oder Testikel und gehe weiter in deine beiden Beine.

🗝 Sei als Letztes in deinen beiden Armen präsent, und nimm dann noch einmal die Gestalt deines gesamten Körpers wahr.

🗝 Öffne die Augen, atme etwas tiefer und reibe deine Hände, so als ob du sie waschen wolltest.

Wirkung

Fast alle lebenswichtigen Organe wie auch die Gliedmaßen sind im oder am Körper doppelt vertreten. Du sprichst sie in dieser sehr wirksamen und wichtigen Übung liebevoll an und verweilst einige Augenblicke in ihnen. Indem du deine Aufmerksamkeit in diese Körperbereiche lenkst und sie dir bewusst machst, bekommen die angesprochenen Organe wichtige Impulse, Zuwendung und vielleicht auch deine Dankbarkeit.

Religiöser Bezug

„Wenn dein ganzer Körper von Licht erfüllt ist und nichts Finsteres in ihm ist, dann wird er so hell sein, wie wenn die Lampe dich mit ihrem Schein beleuchtet."
(Lukas 11,36)

„Der Herr wacht über den Atem des Menschen, er durchforscht alle Kammern des Leibes."
(Sprichwörter 20,27)

„Ein gelassenes Herz bedeutet Leben für den Leib."
(Sprichwörter 14,30 a)

3. Inneres Gebet:
Wie du mit Ablenkungen umgehst ...

Nimm wie gewohnt dein Gebetswort auf und lass dich von dem mitnehmen, was geschehen will. Greife nicht ein und kehre immer wieder zu deinem Gebet zurück, wenn du bemerkst, dass es sich verflüchtigt hat und Gedanken an seine Stelle getreten sind.

Erschrecke nicht, wenn du im Gebet mit deinem Verstand nichts bewirken und erreichen kannst. Halte deine Gedanken weder fest noch folge ihnen; um so leichter und schneller schenkt sich dir der Zustand der Ruhe, in dem du frei bist. Kümmere dich um rein gar nichts, sondern stelle dich schweigend in die Gegenwart Gottes. Damit dir dieser Schritt erleichtert wird, rufe einige Male und vor allem, wenn du abgelenkt wirst, den Schöpfer um sein Erbarmen an. Sei beständig auf diesem Weg und verlasse dich auf seine göttliche Güte, die dir einen starken Glauben, wahre Eingebung und Erleuchtung sowie himmlische Gnade vermitteln möchte. Gehe diesen Weg vertrauend – mit geschlossenen Augen.
Dies ist sowohl im wahrsten Sinne des Wortes als auch übertragen zu verstehen: ohne Gedanken, ohne Nachsinnen und ohne jegliches Tun. Befiehl dich seinen väterlichen und liebenden Händen. Lass es zu, dass sein Wille an dir geschehe.

Die folgenden Empfehlungen helfen dir, schneller und tiefer in das innere Gebet hineinzukommen:

- Hab keine Erwartungen an das innere Gebet.
- Vertraue darauf, dass nur etwas Gutes im Gebet geschehen kann.
- Wisse: Wenn du auch das Empfinden hast, dass nichts mit dir geschieht, so geschieht doch viel mit dir.

- Schenke dem Schöpfer im inneren Gebet einen Teil deiner Zeit und richte dich – auch wenn viele Gedanken kommen – immer wieder auf ihn aus.
- Greife nicht in den Plan Gottes ein.
- Schenke aufkommenden Gedanken einfach keine Beachtung. Sie zeigen Auflösungen von Spannungen an und ziehen vorüber.
- Lass jeglichen Ausdruck zu, denn er macht den Weg frei für Größeres und Erhabeneres.
- Gehe selbst bei Gefühlen der Abneigung und des Zweifels einfach und unbekümmert deinen Gebetsweg weiter.
- Schließe während des inneren Gebetes die Augen des Verstandes und öffne die deiner Innerlichkeit.
- Gründe deine Hoffnung auf die Güte Gottes, dem nichts unmöglich ist.
- Gehe behutsam vor und übertreibe nichts.
- Dein inneres Gebet wird einen solchen Reichtum und eine solche Tiefe gewinnen, dass dein Leben in jeglicher Hinsicht gelingt.

Wie du mit Ablenkungen beim inneren Gebet umgehen solltest

Diejenigen, die das innere Gebet in der vorgegebenen Weise üben, berichten oft von Ablenkungen und Störungen während der Gebetszeit. Es stellen sich auch Fragen ein, die sich auf die Zeit außerhalb des Gebetes beziehen. Damit du aus den Erfahrungen anderer lernst, keine Umwege machen musst und Sicherheit in deiner Gebetspraxis bekommst, ist es wichtig, dich mit folgenden Fragen und Antworten zu befassen:

*1. Warum bleiben manchmal die wohltuenden Erfahrungen
der Ruhe während des Gebetes aus? Ich erwarte von diesem
Gebet viel, habe jedoch den Eindruck, wenig zu erreichen.*
Wenn du Erwartungen an das innere Gebet hegst, bist du in gewisser Weise bereits blockiert und nicht mehr offen für den, der dir sei-

nen Willen und seine Liebe kundtun möchte. Gehe daher unbekümmert und vorbehaltlos in das Gebet. Als Erstes wird durch das innere Gebet der Weg frei gemacht für eine Begegnung des Himmels mit der Erde. Sie erfolgt an dem geheimsten Ort der Schöpfung, in deiner Seele. Hab Geduld – wie auch der Schöpfer unendliche Geduld mit dir hat. Wenn du auch das Empfinden hast, dass nichts mit dir geschieht, so geschieht doch viel mit dir.

2. Was kann ich gegen die vielen störenden Gedanken tun, die während des Betens in mir aufsteigen? Ich habe den Eindruck, überhaupt nicht richtig beten zu können.

Kommen Gedanken, Vorstellungen und Bilder während des inneren Gebetes, so schenke ihnen keine besondere Aufmerksamkeit, damit sie nicht Gewalt über dich gewinnen. Gib dem Gebet den Vorrang und lass die Gedanken kommen und gehen – hänge ihnen jedoch nicht nach. Jegliche Anstrengung, gegen die Gedanken anzukämpfen oder sie gar zu verdrängen, ist fehl am Platz. Wendest du dich immer wieder dem Gebet und damit der Anrufung Gottes zu, werden die Gedanken niemals die Oberhand gewinnen.

Selbst wenn du dein Beten nicht als solches erlebst, so geschieht doch gerade in dieser Zeit etwas sehr Wesentliches. Der Weg in eine größere Glaubenstiefe und damit in die Nähe Gottes wird von Schlacken befreit, damit du als Geschöpf die Liebe des Schöpfers neu empfangen kannst.

3. Mein vorgestellter Glaube beginnt zu bröckeln. Bevor ich mit dem inneren Gebet begann, war mein Glaube stabiler. Was geschieht da mit mir?

Ein vorgestellter Glaube, der uns von außen anerzogen wurde oder den wir uns durch Lesen und Denken angeeignet haben und der vielleicht unserer Wunschvorstellung entspricht, hat nur sehr wenig mit dem wahren inneren Glauben zu tun. Der wahre innere Glaube, dessen Wurzeln sich in unserer Seele gründen, hat die Eigenschaft – wenn er durch Betrachtung, inneres Gebet wie auch durch Lebenserfahrung wächst – sich nach außen zu entfalten. Bei dieser unaufhaltsamen Bewegung bricht alles im Wege Stehende auf, beginnt nichtig zu werden und fällt von uns ab. Die Augen der Seele werden zu Fenstern in die Ewigkeit. Sie öffnen dir den Blick in die Gründe und für die Ursachen Gottes, damit du mehr und mehr seine Werke erfassen und lieben darfst.

4. Oft überfällt mich Angst davor, mich besonders während der Stille des inneren Gebetes loszulassen. Darf ich das zulassen?
Sei dankbar, wenn die Auswirkungen des inneren Gebetes bereits so weit reichen, dass dir ein Stillsein vor Gott geschenkt wird. Angst sei dir fern, denn nichts kann dir passieren, lässt du dich vertrauend in die Hände Gottes fallen. Beweise dich jetzt darin, angst- und bedenkenlos mit der Übung des inneren Gebetes fortzufahren anstatt vor deiner Angst zu fliehen.

5. Oft überfällt mich Müdigkeit und ich schlafe ein. Das ärgert mich. Was kann ich dagegen tun?
Schläfst du während des Betens ein, ist dies ein Zeichen, dass du übermüdet bist und dein Körper dringend Schlaf benötigt. Gib deinem Bedürfnis nach und lass dich nicht irritieren. Erfahrungsgemäß kehrst du schon nach kurzer Zeit in das Wachbewusstsein zurück und kannst erfrischt dein Gebet fortsetzen.

6. Durch Betrachtung und Gebet wird mein Hunger sowohl nach religiösem Wissen als auch nach entsprechender Erfahrung immer größer. Was ist zu tun?
Sei dankbar, dass sich dieser Wunsch in dir entfaltet. Gehe jedoch behutsam vor und übertreibe nichts. Wissen und Erfahrung müssen Hand in Hand gehen. Diese Entwicklung zu einem erlebten und gelebten Glauben vollzieht sich oft nur langsam. Werde daher nicht ungeduldig und übertreibe weder in die eine noch in die andere Richtung dein Wollen und Tun.

4. Fragen und Gebet

- Hast du bemerkt, dass durch das innere Gebet Hindernisse und Blockaden aufgelöst werden?
- Spürst du, dass du durch das Gebet in eine größere Innerlichkeit kommst?
- Gibt es Anzeigen dafür, dass sich Unsicherheit und Zweifel in Sicherheit und Gewissheit wandeln?
- Relationen von Raum und Zeit schwinden. Kennst du dieses Gefühl während des inneren Gebetes?
- Hast du eine verbesserte Beziehung zu anderen Menschen festgestellt?

Großer, gütiger und barmherziger Gott,
du offenbarst dich mir,
indem du Dunkelheiten meines Lebens nicht nachträgst,
sondern mir Kraft und Mut verleihst,
mein Leben nach deinem Willen neu zu gestalten.
Du, Herr, spendest Leben in Fülle.
Doch wir sind unfähig geworden,
deine Gaben anzunehmen.
Schenke uns Offenheit und wirke durch uns in die Welt.
Nimm uns die tausend Ängste, die uns besetzen.

Sprenge unsere engen Grenzen und
die menschlicher Berechnung.
Wandle Kleinmut in Mut, damit wir Großes vollbringen.
Du, Herr, bist der Geber alles Guten
und du teilst deine Gaben in Fülle aus.
Möge es doch mehr Menschen geben,
die sich öffnend auf dich ausrichten
und deine Gaben empfangen.

Dritte Woche Sonntag
Inneres Gebet – Rückbesinnung auf das Wesentliche

1. Gebet

Gott, zu dir rufe ich in der Frühe des Tages.
Hilf mir beten und meine Gedanken sammeln zu dir;
ich kann es nicht allein.

In mir ist es oft finster, aber bei dir ist das Licht;
ich bin einsam, aber du verlässt mich nicht;
ich bin kleinmütig, aber bei dir ist die Hilfe;
ich bin unruhig, aber bei dir ist die Geduld;
ich verstehe deine Wege nicht,
aber du weißt den Weg für mich.

Vater im Himmel, Lob und Dank sei dir
für die Ruhe der Nacht,
Lob und Dank sei dir für den neuen Tag.
Lob und Dank sei dir für all deine Güte und Treue
in meinem vergangenen Leben.

Du hast mir viel Gutes erwiesen,
lass mich, wenn ich es tragen muss,
auch das Schwere aus deiner Hand hinnehmen.

Du wirst mir nicht mehr auflegen
als ich tragen kann.
Du lässt deinen Kindern alles zum Besten dienen.
Herr, was dieser Tag auch bringt,
dein Name sei gelobt! Amen.

Nimm dir an diesem Sonntag etwas mehr Zeit, um die dreiwöchigen „Exerzitien im Alltag" besser und intensiver aufarbeiten zu können.

2. Übung
zur Leib- und Seelsorge „Gib Liebe und Barmherzigkeit"

Licht und Wärme der Sonne sind die Bedingungen für Leben und Wachstum. Das Sonnengeflecht (Solar-Plexus) sorgt im Menschen für den Stoffwechsel und die Verdauung.

🗝 Erspüre im Liegen dein Sonnengeflecht, welches sich um deinen Nabel befindet. Lege deine Hände darauf.

🗝 Lass dieses Zentrum seine heilende Wirkung tun – besonders dann, wenn dir etwas auf den Magen geschlagen ist, dir die Galle überläuft oder dir etwas an die Nieren geht.

🗝 Spüre, wie deinem inneren Fühlen Raum geschaffen wird und nimm diese Kraft auf in dein Bewusstsein.

🗝 Dieses Nervengeflecht kannst du zur leibhaften Basis deiner Meditation machen, indem du dich von hier aus für neue Energien öffnest, die darauf warten, in uns einströmen zu dürfen.

Wirkung

Machst du dir das Sonnengeflecht und seine Ausstrahlung bewusst und behandelst es liebevoll, darfst du dir einer heilenden Wirkung sicher sein. Deine inneren Organe, die mit deinem Tiefengefühl in Verbindung stehen, werden heilsam beeinflusst. Allmählich entwickelt sich in dir ein eindeutiges und starkes intuitives Fühlen, das dich so leicht nicht enttäuscht. Du lernst, mit dir selbst barmherziger umzugehen und erweist diese Liebe auch anderen.

Religiöser Bezug

„Jeder zeige seinem Bruder gegenüber Güte und Erbarmen."
(Sacharja 7,9b)

„Denn das Gericht ist erbarmungslos gegen den, der kein Erbarmen gezeigt hat. Barmherzigkeit aber triumphiert über das Gericht."
(Jakobusbrief 2,13)

„Liebe aber wird in Ewigkeit nicht ausgetilgt, Barmherzigkeit besteht für immer."
(Jesus Sirach 40,17)

3. Inneres Gebet:
Rückbesinnung auf das Wesentliche ...

Aus der Erfahrung des Petrus von Alcántara und vieler Menschen (wie Teresa von Avila), denen er diesen Weg gewiesen hat, wissen wir, dass das innere Gebet – oder „Ruhegebet" wie Teresa es nennt – der Betrachtung und allen anderen Gebetsarten vorgezogen werden sollte.

Gehe also täglich – möglichst zweimal: am Morgen und am Abend – in die Stille und übe in der gewohnten Weise das innere Gebet.

Da viele Menschen die entscheidende Wegweisung immer wieder vergessen, kann sie nicht oft genug betont und in Erinnerung gebracht werden:

Zum wesentlichen Bestandteil des inneren Gebetes gehört die Einübung in die Aufgabe deines eigenen Willens. Setze im Gebet keine bewusst gesteuerten Willensimpulse ein, so dass du frei wirst von deinem Wollen und deinen Vorstellungen. Gehe diesen Weg besonders auch dann in Gelassenheit weiter, wenn dich Finsternis umgibt. Was du von deiner Seite aus beitragen kannst und worauf du Acht geben solltest, besteht im Zurücknehmen einer jeglichen Tätigkeit. Außer einer wiederholten Gebetsanrufung, die dich in tieferes Schweigen führt, gibt es keine Notwendigkeit, aus eigenem Ermessen irgendetwas zu tun oder zu bewegen.

- Der Weg des inneren Gebetes ist leicht und angenehm zu gehen. Eventuelle anfängliche Schwierigkeiten sind einfach zu überwinden.
- Du wirst mit Körper, Geist und Seele lichtvolle Zeiten erleben und fähig sein, dunkle Zeiten durchzustehen.
- Nicht nur Selbstverwirklichung ist das Ziel, sondern auch Liebe zu empfangen und wiederzulieben.

- Wir sind und bleiben erlösungsbedürftig, dürfen jedoch von Gott alles erwarten.
- Lerne aus der Hand Gottes das anzunehmen, was er für dich vorgesehen hat.
- Der Segen des inneren Gebetes liegt in der Regelmäßigkeit, in der Beharrlichkeit und Ausdauer.
- Wisse: Eine Brücke wird von vielen Pfeilern getragen. Das innere Gebet ist ein Pfeiler deiner Lebensbrücke. Hüte dich vor Einseitigkeit, Übertreibung und Fanatismus.
- Setze dein Vertrauen nicht einzig und allein auf die vorbereitenden Mittel, sondern setze dein gesamtes Vertrauen auf Gott selbst.

Die folgenden Rückbesinnungen möchten dir das Vorgehen noch einmal auf einfache Weise nahe bringen.

Erste Rückbesinnung:
Sinn und Ziel der geistlichen Übungen

Mit der Ausrichtung auf Gott im inneren Gebet ist weder Konzentration noch irgendeine andere Anstrengung verbunden. Auf dieser Grundlage wird jegliches Beten letztlich zu einem Empfangen seiner Liebe und zur Einsicht in umfassendere Zusammenhänge. Das Ziel dieses Weges besteht nicht allein in der Erfüllung deiner Selbstverwirklichung, sondern darin, Liebe zu empfangen und Gott wiederzulieben.

Alle Menschen, die sich durch das innere Gebet in den Willen Gottes einüben, berichten von wesentlichen Veränderungen:

- Deine Geduld und Ausdauer in bedrückenden Lebenssituationen verstärken sich.
- Du lernst, bei Beleidigungen und Unrecht nicht aggressiv, sondern sachlich zu antworten.
- Mit Schwächen anderer Menschen kannst du liebevoll umgehen und bei Unvollkommenheiten übst du Nachsicht. In Zeiten äußerer

und innerer Bedrängnis kannst du gelassen sein und auf Gott vertrauen.
- Du spürst eindeutig, wann Schweigen und wann Reden angesagt ist.
- Du öffnest vor Mitleid dein Herz, weißt jedoch auch, wie du dich beizeiten abgrenzen kannst.
- Sowohl im Glück als auch im Unglück bewahrst du Haltung und deine innere Ausgewogenheit.
- Du handelst zwar spontan – jedoch wohl überlegt und klug.
- Du fällst kein Urteil und redest nicht über andere Menschen.
- Dich selbst siehst du im richtigen Licht und im rechten Verhältnis zu anderen und der Welt.
- Du kannst – wenn es sein muss – verzichten und anderen Menschen das gönnen, was du entbehrst.

Zweite Rückbesinnung: Erwarte nichts und verlange keine Offenbarungen

Die Erwartung eines Erfolges hemmt das innere Gebet. Wenn du in diesem Gebet alles in die Hände Gottes legst und nichts mehr für dich zurückhältst, schwinden wie von selbst alle Erwartungen.
Möchte der Schöpfer dir tiefere Einsichten schenken, wird er einen dir gemäßen Weg finden, dir diese Geheimnisse zu offenbaren. Diese Zuwendung erfährst du so eindeutig und liebevoll, dass du weder daran zweifeln noch Angst zu haben brauchst.

Dritte Rückbesinnung: Bleibe in allem bescheiden

Im inneren Gebet sprichst du den Höchsten an, dem du alles verdankst. Da Gott dir nach seinem unergründlichen Ermessen Gaben gibt, sie dir wieder entzieht oder sie dir noch vorenthält, kannst du niemals mit Bestimmtheit sagen, wann dir welche Zuwendungen geschenkt werden. Erachte jedoch nichts als selbstverständlich, lerne in Hochachtung vor der Schöpfung und ihrem Schöpfer aus seiner Hand das anzunehmen, was er für dich vorgesehen hat.

Vierte Rückbesinnung: Nichts darf dich davon abhalten, das innere Gebet zu pflegen

Wer du auch bist und wo immer du im Leben stehst: Unterlasse es an keinem Tag, dem Herrn eine bestimmte Zeit zur Verfügung zu stellen. Löse dich von allen Beschäftigungen und Verpflichtungen – so edel und karitativ sie auch sein mögen – um dich für die geistlichen Übungen zurückzuziehen. Nicht nur dein Körper und deine Sinne benötigen Nahrung, Ausgleich, Entlastung und Pflege, sondern in einem ganz besonderen Maße auch deine Seele.

Fünfte Rückbesinnung: Dulde weder Nachlässigkeit auf deinem geistlichen Weg noch übertreibe etwas

Nimmst du deine Übungen nicht wichtig und führst sie nachlässig aus, kannst du keine tief greifenden Veränderungen erwarten. Anfangs gehört unabdingbar eine gewisse Disziplin dazu, sich regelmäßig zum Gebet zurückzuziehen. Mit der Zeit jedoch verlangen Körper, Geist und Seele von selbst nach der inneren Ruhe. Der Segen liegt in der Regelmäßigkeit, in der Beharrlichkeit und in der Ausdauer.

Die geistlichen Übungen zu übertreiben bedeutet für Körper, Geist und Seele große Gefahr. Ist auch die Erfahrung, die du mit dem Beten machst, noch so erfüllend, so darfst du dich nicht maßlos dem Gebet hingeben und dabei deine täglichen Pflichten vernachlässigen. Deine Natur – vornehmlich deine Psyche und dein Nervensystem – ist einer übermäßigen Entspannung und zu langen Ruhephasen nicht gewachsen. Gehe daher maßvoll, behutsam und liebevoll mit dir um.

Sechste Rückbesinnung: Setze auf Gott dein Vertrauen

Alles, was zur Förderung deiner geistig-geistlichen Entwicklung und zur Bereitschaft und Fähigkeit, gut zu handeln, gesagt wurde, ist eine Vorbereitung zum Empfang göttlicher Gnade. Setze daher nicht dein Vertrauen einzig und allein auf die vorbereitenden Mittel – die Betrachtung und das innere Gebet – sondern setze dein gesamtes Vertrauen auf Gott selbst.
Betrachtung und inneres Gebet sind Bereitung zum Empfang der uns zugedachten Gnade. Von dir aus kannst du Wesentliches dazu beitragen, indem du Ungutes meidest, Hindernisse in dir abbaust und dich immer wieder im Gebet der Hingabe und des Schweigens empfangend öffnest. Du bereitest den Weg und hältst die Tür zu deinem Inneren geöffnet, damit dich die Liebeszuwendungen des Schöpfers erreichen und er in Jesus Christus und im Heiligen Geist in deiner Seele gegenwärtig sein kann.

„Ich stehe vor der Tür und klopfe an. Wer meine Stimme hört und die Tür öffnet, bei dem werde ich eintreten und wir werden Mahl halten, ich mit ihm und er mit mir." *(Offenbarung 3,20)*

4. Fragen und Gebet

- Erkennst du, dass Regelmäßigkeit im Beten den Reinigungsvorgang des inneren Wesens beschleunigt und für Körper und Geist gute Wirkungen zeigt?
- Spürst du eine andere Gewichtung deiner bisherigen Ansprüche oder Wünsche?
- Welche wesentliche Veränderung hast du an dir nach den drei Wochen Exerzitien im Alltag festgestellt?
- Ist dir klar geworden, dass die Exerzitien im Alltag einen gesunden ausgewogenen Wechsel zwischen Ruhe und Aktivität, Beten und Arbeiten verlangen?
- Welche Art der hier vorgestellten Gebetsweisen liegt dir mehr: die Betrachtung oder das innere Gebet?
- Kann diese Form des Betens zu „deiner" Weise des Betens in der kommenden Zeit werden?
- Welches Element aus der Übungsreihe möchtest du in deinem Alltag weiterführen?
- Was war für dich besonders wichtig?
- Welche Erfahrung würdest du gern weitergeben?
- Glaubst du und vertraust du mehr noch als bisher darauf, dass der Schöpfer es gut mit dir meint?

Herr Jesus Christus, du hast uns den Weg
in dieses geheime Stillschweigen geoffenbart.
Lass uns den inneren Menschen in seiner Gottesnähe
erfahren und gib uns das Vermögen,
ihn vom äußeren Menschen zu unterscheiden.
Hilf uns, in deinem Namen das Äußere mit dem Inneren
in Verbindung zu bringen.

Petrus von Alcántara
(1499–1562)

Im 16. Jahrhundert war Spanien unter Kaiser Karl V. einer der mächtigsten Staaten Europas. Durch die Herrschaft über den gesamten amerikanischen Kontinent und die damit verbundene wirtschaftliche Ausbeutung fielen Spanien riesige Reichtümer zu, die sein „Goldenes Zeitalter" schufen. Die Kirche nahm in besonderer Weise an diesem materiellen Wachstum teil. In Folge eines immer größer werdenden Reichtums an Grund und Boden, der dem Klerus beträchtliche Einkünfte sicherte, konnte die Kirche ihre gesellschaftliche und politische Macht ausbauen. Sie übte eine unbestrittene Macht über die Gläubigen aus. Die Sicherheit der sorgenfreien materiellen Existenz auch der geistlichen Würdenträger führte zum sittlichen Verfall der spanischen Kirche, der immer größere Ausmaße annahm. Nicht nur die Weltgeistlichen führten im „Goldenen Zeitalter" ein überaus komfortables, prunkvolles und zügelloses Leben – auch die Moral der Klosterorden war auf einen Tiefstand gesunken.

Und gerade in dieser Zeit des materiellen Überflusses erlebte die spanische Mystik ihre Hochkultur. Es fanden sich begnadete Priester, Ordensfrauen und Ordensmänner, die es vermochten, die nach außen gerichtete Religiosität in eine nach innen gerichtete zu wandeln. Zu ihnen gehörten vor allem der Franziskaner Petrus von Alcántara, später Teresa von Avila und Johannes vom Kreuz. Petrus von Alcántara gelang es, durch die Radikalität seines eigenen Lebens der veräußerlichten Religion innere Werte entgegenzusetzen. Er stellte die Selbstbesinnung, die Seelenerforschung und strenge Exerzitien in den Mittelpunkt und versuchte in seinen fesselnden Predigten und in seiner Schrift „Tratado de la oración y meditación" die Menschen aus ihrer Erstarrung wachzurütteln. Immer wieder machte er die Vergänglichkeit alles Irdischen deutlich und die Unabänderlichkeit des Todes bewusst.

Sein Buch wurde überall als wertvoll und hilfreich weiterempfohlen und verbreitete sich schnell in ganz Spanien. Nicht nur die franziskanischen Ordensbrüder und diejenigen, die Petrus von Alcántara geistlich begleitete, gestalteten ihr Gebetsleben nach diesem geistlichen Wegweiser, sondern auch viele, die bisher nichts von diesem Lehrer und Autor gehört hatten. Das Buch strahlte – überall wohin es kam – eine kaum zu beschreibende heilsame Wirkung aus. In den meisten Klöstern wurden die Novizen und Novizinnen in dieser Gebetsschule unterrichtet. Überall wurde das Buch seiner Einfachheit, Kraft und Klarheit wegen hoch geschätzt. Man pries es besonders wegen der geistlichen Tiefe und des geheimnisvollen Reichtums.

Petrus von Alcántara war 1515 in den Franziskanerorden eingetreten und hatte seit dem Jahr 1538 das Amt des Provinzials inne. Während eines Aufenthalts in Rom, wohin er barfuß gewandert war, bat er Papst Julius III. 1555 um die offizielle Genehmigung für eine Klosterreform. Noch im selben Jahr gründete Petrus von Alcántara das Kloster Pedroso, das den Ausgangspunkt seiner Reform bildete.
Petrus war geistlicher Begleiter vieler Persönlichkeiten seiner Zeit – insbesondere von Teresa von Avila. Sie berichtet in ihren Werken über die Begegnung mit Petrus von Alcántara, über ihre Freundschaft, die große Unterstützung, die sie bei ihrer Reform durch ihn erfuhr – und vor allem über die geistliche Hilfe, die ihr in Zeiten größter seelischer Bedrängnis durch Petrus zuteil wurde.
Auf inständiges Bitten von König Johann III. von Portugal kam Petrus mehrere Male auch als geistlicher Berater der königlichen Familie an

den Hof nach Lissabon. Auch Kaiser Karl V. bat ihn, am Hof von Toledo zu leben, was er aber mit der Begründung ablehnte, dass er nur für die Einsamkeit geschaffen sei.

Eine tiefe Freundschaft verband ihn mit Johannes von Avila.

Wo immer er war: Es folgten ihm viele Leute, die ihn hören, ihn berühren und Heil von ihm wollten. Viele seiner Voraussagen erfüllten sich; seine prophetische Gabe half vielen Menschen, große Krisen zu überwinden.

Petrus glaubte: Das beste Gebet ist dasjenige, bei dem sich die Seele nicht bewusst ist, dass sie betet. Das Leben des Petrus von Alcántara war ein Leben des Geistes und des Gebetes. Gott war das Ziel seines Lebens, seiner Gedanken, Worte und Werke. Die Mystik, die er lehrte, baut sich auf den Ideen des Bonaventura auf. Die Leichtigkeit, mit der er in die Tiefe der Wissenschaft, vor allem aber auch der Seelen, drang, war erstaunlich. Petrus besaß die Gabe, Menschen zu neuen guten Vorsätzen zu bewegen. Er löste die schwierigsten Probleme mit durchdringender Klarheit und Schärfe des Geistes.

Petrus redete nicht viel. Wenn er jedoch über das Heil der menschlichen Seele sprechen konnte, fand er die glühendsten Worte. Oft saß er bis nachts im Beichtstuhl, ohne die geringste Nahrung zu sich zu nehmen.

Obwohl Petrus im Alter zunehmend an Schmerzen am ganzen Körper litt, verließ ihn die Heiterkeit der Seele, die sich in seinem Gesicht widerspiegelte, keinen Augenblick. Man hörte kein Wort der Ungeduld oder Klage aus seinem Mund – nicht einmal eine Äußerung, dass er leide. Petrus von Alcántara starb in tiefem Frieden und geheiligter Atmosphäre am 18. Oktober 1562. Der Orden der Alcántariner, der auf seine Reform zurückgeht, verbreitete sich in Europa, China, auf den Philippinen und in Amerika.

Die Schrift des Petrus von Alcántara „Tratado de la oración y meditación" beruht auf seiner eigenen Gebetserfahrung. Sie trägt bis heute dazu bei, sehr viele Menschen wieder zum tiefen Gebet zurückzuführen.

Literatur

Petrus von Alcántara:
  Tratado de la oración y meditación. Instruction oder Underweisung wol zu meditiren: mitmehr andere geistliche Lehr und andächtige Betrachtungen. Erstlich in hispan. Spraach eingestalt durch Petrum von Alcántara und jetzt in teutsche Spraach übergesatzt. Mit angehencktem Tractätlein Hieronymi von Ferrar und Geistliche Zuchel des Hern Marxen von Kinder: von den Gelöbten der Closter oder geistlicher Personen. Wolters, 1605. 328 S.
  – : Tratado de la oración y meditación. Madrid 1956.

Peter Dyckhoff:
  Über die Brücke gehen. Exerzitien im Alltag. München 2001.
  – : Aus der Quelle schöpfen. Das innerliche Gebet nach Teresa von Avila. München 2000.
  – : Finde den Weg. Geistliche Wegweisung nach Miguel de Molinos. München 2. Aufl. 2000.
  – : einfach beten. München 2001.
  – : Atme auf. 77 Übungen zur Leib- und Seelsorge. München 2001.
  – : Das Ruhegebet. Einübung nach Cassian. München 4. Aufl. 1995.

Die Gebetsschulen
spanischer Mystiker
von Peter Dyckhoff

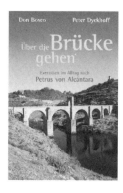

Peter Dyckhoff
Über die Brücke gehen
*Exerzitien im Alltag
nach Petrus von Alcántara*

*344 Seiten, gebunden mit Lesebändchen
ISBN 3-7698-1321-9*

Petrus von Alcántara: Ordensgründer und Mystiker, lebte von 1499 bis 1562 in Spanien. Er erlangte Berühmtheit als Reformer innerhalb des Franziskanerordens und war ein großer Förderer von Teresa von Avila.

Wer sich mit dem Beten schwer tut oder die Freude am Beten verloren hat, kann mit den Exerzitien nach Petrus von Alcántara neu beginnen. In leicht nachvollziehbaren Schritten taucht die oder der Betende tief in die mystische Welt des Petrus ein.

„Was mich immer wieder in Staunen versetzt, ist der gelungene Brückenschlag zwischen Herz und Verstand. Der Autor nimmt eine ganz hervorragende Mittlerrolle ein, indem er Petrus von Alcántara so lebendig in die Gegenwart herüberholt."
Margit Sonyi, Ratingen

„Das Buch ist ein Fundstück!"
Norbert Copray, Fairness-Stiftung Frankfurt

„Es wurde wieder ein Schatz gehoben."
Bischof Paul Nordhues, Paderborn

Peter Dyckhoff
Aus der Quelle schöpfen
*Das innerliche Gebet
nach Teresa von Avila*

*224 Seiten, gebunden mit Lesebändchen
ISBN 3-7698-1265-4*

Teresa von Avila: Ordensgründerin und Mystikerin, lebte von 1515 bis 1582 in Spanien. Sie beeinflusste das Ordenswesen wie keine andere. Papst Pius X. sagte von ihr, sie sei die Meisterin der Psychologie und Mystik.

Das innerliche Gebet führt zu vertiefter Glaubenserfahrung und zur Ausgewogenheit von Körper, Geist und Seele. Viele Menschen, die dieses Gebet üben, erfahren, dass sie neue Energien für ihr Leben bekommen und wirkliche Zufriedenheit spüren.

„Beim Lesen des Buches „Aus der Quelle schöpfen" bin ich ganz erfüllt. Teresa von Avila kann den Suchenden aller Zeiten Wichtiges vermitteln."
Eoliba Greinemann OSB, Freiburg

Peter Dyckhoff
Finde den Weg
*Geistliche Wegweisung
nach Miguel de Molinos*

*360 Seiten, gebunden mit Lesebändchen
ISBN 3-7698-1148-8*

Miguel de Molinos: Spanischer Mystiker und Theologe des 17. Jahrhunderts. Er leistete den letzten großen Beitrag der spanischen Mystik.

Sehnsucht nach einem erfüllten Leben haben wir alle. Der Weg dorthin führt über einen Prozess des Loslassens, ein wachsendes Losgelöstsein, das es ermöglicht, innere Ruhe zu erfahren und dem Göttlichen in sich selbst Raum zu geben. Ein Begleiter für alle, die auf ihrem Weg Mut, Bestätigung und Korrektur finden möchten.

*„Wenn ich in diese geistlichen Weisungen schaue,
ziehe ich reiche Frucht daraus."
Hermann Josef Spital, Bischof em. von Trier*

Die tiefgreifende Erfahrung,
mit Leib und Seele zu beten

Peter Dyckhoff
Atme auf
77 Übungen zur Leib- und Seelsorge

192 Seiten, gebunden mit Lesebändchen
ISBN 3-7698-1288-3

„Lebe aus deiner Mitte! Stärke dein Rückgrat! Finde dein inneres Gleichgewicht! Schöpfe Kraft aus deinem Atem!" – Das sind durch ihre Einfachheit und von ihrer Wirkung her bestechende Übungen. Diese praktisch-spirituellen Anleitungen für einfache Bewegungsabläufe, die wenig Zeit in Anspruch nehmen, haben große Wirkung auf Körper, Geist und Seele.

„Der für eine moderne und alltagsverträgliche Spiritualität engagierte Meister der Meditation hat vor allem um das Atmen 77 einfache, ganzheitliche Übungen herumgebaut, die in verblüffender Weise zu mehr physischer und psychischer Lebensqualität beitragen können."
Norbert Copray, Publik Forum